绩效考核与薪酬激励

精细化设计及整体解决方案

路奎松 著

中国华侨出版社

·北京·

图书在版编目（CIP）数据

绩效考核与薪酬激励精细化设计及整体解决方案 /
路奎松著. — 北京：中国华侨出版社，2023.5
ISBN 978-7-5113-8630-4

Ⅰ.①绩… Ⅱ.①路… Ⅲ.①企业绩效—研究②企业
管理—工资管理—研究 Ⅳ.①F272

中国版本图书馆CIP数据核字（2021）第193600号

绩效考核与薪酬激励精细化设计及整体解决方案

著　　者：路奎松
责任编辑：江　冰
封面设计：韩　立
美术编辑：盛小云
经　　销：新华书店
开　　本：880mm×1230mm　　1/32开　　印张：8　　字数：170千字
印　　刷：河北松源印刷有限公司
版　　次：2023年5月第1版
印　　次：2023年5月第1次印刷
书　　号：ISBN 978-7-5113-8630-4
定　　价：38.00元

中国华侨出版社　　北京市朝阳区西坝河东里77号楼底商5号　　邮编：100028
发 行 部：(010) 58815874　　传　　真：(010) 58815857
网　　址：www.oveaschin.com　　E-mail：oveaschin@sina.com

如果发现印装质量问题，影响阅读，请与印刷厂联系调换。

前　言

　　绩效考核是企业人力资源管理中的核心，也是具有挑战性的工作之一，与员工的工作情况密不可分。好的绩效考核制度可以充分调动员工的积极性和创造力，促进企业业绩目标的实现。而差的绩效考核制度则会减弱员工的工作热情和创造力的发挥，最终导致企业经营绩效的停滞不前，甚至降低。要想使员工感到被激励的重要一点就是帮助他们在工作上更有效率和使他们对自己的工作感到满意。他们取得良好绩效的愿望越强烈，激励他们就会变得越容易。因此，管理者在再造企业业务流程的同时，也要为员工设计新的工作和考核机制。良好的绩效管理，能使员工的技能、职责和热情更好地结合在一起，为团队创造更多价值。

　　薪酬是员工为企业付出约定的劳动服务后所获得的劳动报酬。在知识经济时代，薪酬管理越来越成为管理的重要部分，它对激励员工、提高企业的竞争力有着不容忽视的作用。薪酬不仅是员工满足各种需要的前提，还能实现员工的价值感。因此，薪酬在很大程度上影响着一个人的情绪、积极性和能力的发挥。管理者必须认识到薪酬对于激励员工以及增强组织竞争力的重要意义。在管理中，制定激励性薪酬非常有必要。心理学家研究表明，当一名处于较低岗位工资的员工通过积极表现、努力工作，提高自己的岗位绩效争取到更高的岗位级别时，他会体验到由于晋升和加薪所带来的价值实现感和被尊重的喜悦，从而更加努力工作。相反，当员工认识到工作的勤奋与否不能影响报酬时，他必然会选择怠工。

绩效考核和薪酬设计犹如孪生兄弟，向来是相辅相成、互相制约、互相促进的关系。本书从绩效考核与薪酬激励管理体系架构设计入手，详细阐述绩效考核、薪酬管理和激励体系的管理目标、管理流程和管理工具，详细分析多种典型岗位全面可量化和精细化的管理解决方案，为企业提供了一整套科学实用的绩效考核与薪酬激励的管理制度范本，真正把绩效考核与薪酬激励量化、精细化。这是一本让企业绩效考核和薪酬激励体系有效实施的工具书，更是企业绩效考核与薪酬激励整体解决方案。需要特别说明的是，因为每个公司、企业都有其自身的特点和实际情况，所以对于本书提供的绩效考核与薪酬激励管理体系，读者也要做到灵活掌握，对其进行必要的修改或重制，使之能够更加符合自己的公司、企业的实际需要，力求达到制度完善性、创新性、实用性与适用性的完美结合，以确保公司、企业的经营管理科学、高效地运行。

绩效考核与薪酬激励
精细化设计及整体解决方案

目 录

第一章
绩效考核的目标和原则

第二章
绩效考核的内容及形式

第一章

绩效考核的目标和原则

业绩目标：让员工跳一跳，够得着

大多数人可能都有过打篮球的经历，也都知道与踢足球相比，进一个球要容易很多。这其实与篮球架的高度有关。如果把篮球架做两层楼那样高，进球就不那么容易了。反过来，如果篮球架只有一个普通人那么高，进球倒是容易了，但还有人愿意去玩吗？正是因为篮球架有一个跳一跳就够得着的高度，才使得篮球成为人们一直以来乐此不疲的体育项目。它告诉我们，一个"跳一跳，够得着"的目标最有吸引力，对于这样的目标，人们才会以高度的热情去追求。因此，要想调动一个人的积极性，就应该设置一个"跳一跳，够得着"的目标。在企业管理中，领导者要想提高企业绩效，就要好好地利用这些特点和优势，为员工制定一个跳一跳就能够得着的目标。

俄国著名生物学家巴普洛夫在临终前，有人向他请教如何取得成功，他的回答是："要热诚而且慢慢来。"他解释说"慢慢来"有两层含义：一是做自己力所能及的事；二是在做事的过程中不断提高自己。也就是说，既要让人有机会体验到成功的欣慰，不至于望着高不可攀的"果子"而失望；又不要让人毫不费力地轻易摘到"果子"。"跳一跳，够得着"，就是最好的目标。

有这样一个故事：

在很久很久以前，有一位导师带着一群人去远方寻找珍宝。由于路途艰险，他们晓行夜宿，十分辛苦。当走到一半时，大家累得发慌，便七嘴八舌地议论开了，纷纷打起了退堂鼓。导师见众人这样，便暗施法术，在险道上幻化出一座城市，说："大家看，前面是一座城！过城不远，就是宝藏所在地啦。"众人看到眼前果然有座城，便又重新鼓起劲头，振奋精神，继续前行。就这样，在导师的引领下，众人终于历尽千辛万苦，找到了珍宝，满载而归。

作为一名管理者，我们也要学会"化城"的艺术，不断地给员工"化"出一个个看得见而且跳一跳就够得着的目标，使之不断前进。

某县一个再生资源公司的经理，在刚上任时，接手的是一个烂摊子，企业连年亏损，员工士气低落。上任伊始，他就给每一个分支机构定了一个力所能及的月度目标，然后在全公司开展"月月赛"。每到月末，他都亲自给优胜部门授奖旗，同时下达下个月的任务。这样一来，全体员工的注意力都被吸引到努力完成当月任务上来，没有人再去谈论公司的困境，也没人抱怨自己的任务太重。半年下来，全公司开始扭亏为盈。如今，这家公司已经成为该县小有名气的先进企业了。

由此可见，在管理工作中，管理者要为员工制定一系列"跳一跳，够得着"的阶段性目标。要是这些都完成了，成功也就不远了！

重视对员工的绩效评估

公司年终的绩效考评终于结束了，张经理所带领的 A 部门的绩效比王经理带领的 B 部门的绩效差了很多。张经理怎么也想不明白，我的员工同样都是每天工作 8 小时，为什么结果会相差这么多呢？张经理为了解开这个困惑，便主动找到 B 部门王经理取经。

王经理听了张经理的来意后，笑眯眯地从抽屉里拿出一份绩效评估表递给张经理。

王经理说："我的员工之所以能够取得优异的成绩离不开这份绩效评估表。"

这一席话说得张经理更是一头雾水了，这表能有这么大的作用？看出了张经理的迷惑，王经理接着说："其实这份表重要的是从其中可获取的东西。因为每个月我都会把员工的工作情况详细地记录下来，给予评估，并每个月组织员工就这一评估讨论一次。从这每一次的评估和讨论中，员工们有什么工作上的困惑都会得到解答，而且工作方法也能得到改进，更重要的是每个员工之间都存在竞争，谁也不甘落后。通过这一方法，业绩自然提升得很快。"

听完王经理的解惑，张经理也决定在 A 部门中开展绩效评估。3 个月后，张经理带领的 A 部门的业绩提高了 30%，虽然没能赶得上 B 部门，但这一成绩已经足以令人刮目相看了。

很多企业忽视对员工的绩效评估，认为这样会打击员工的信心，给员工造成一定的心理负担，然而正是由于企业这种片面的想法，才使企业年终的业绩不容乐观。所以，企业一定要重视对员工的绩效评估。

不过，在对员工进行绩效评估时还应注意以下三个方面：

1. 评估不能只做表面文章

一些管理者对考核的重要意义没有认识清楚，以为不过是个形式，自己的意见不会起什么作用，打分自然也就不会那样严格认真了。

另外，中国传统的"好人主义"也严重影响了考核的严肃性和现实意义。有些管理者奉行中庸之道，凡事追求不偏不倚，对员工的评估抱着"差不多就行了"的态度，对所有员工的评估如出一辙。

还有一些企业直接将成功企业的绩效考核办法完全"拿来"为我所用，自以为找到了一个有效的管理"武器"，但在实际操作中却走了样，无法起到应有的作用，从而造成绩效考核走过场，流于形式。

这些只做表面文章的考核对企业来说没有任何实质性的作用，绩效评估不能为了评估而评估。评估是手段，不是目的，如果评估不能激发员工潜力，不能成为推动员工发展以及推动公司成长的驱动力，那就失去了其实行的意义。

因此，管理者在对员工进行评估的时候，不要只做表面文章，在评估过程中，要秉承严肃、认真的态度，只有这样才能真实反映公司员工的情况。否则，一个连真实情况都搞不明白，连员工在工作中有哪些问题都看不出来的管理者，又如何能带领员工创造更高的业绩呢？

2. 随时对员工的工作进行评估

许多管理者平时对员工的表现不作任何评价，只是在年终回顾绩效的时候才进行绩效评估，这种毫无预警的评价要么毫无作用，不能让大家从讨论中获得任何益处；要么会让员工感到不满。

要避免这种情况，管理者最好随时对员工的工作进行评估。正如杰克·韦尔奇所说："作出评价对我来说无时不在，就像呼吸一样。在管理中，没有什么比这更重要。我随时都要作出评价——不论是在分配股份红利的时候，还是在提升谁的时候——甚至在走廊里碰到某个人的时候。"

随时对员工的绩效进行评估，这样员工既有足够的机会改善工作中不足的地方，管理者又可以顺便和员工讨论一下员工对绩效的努力目标，还能使员工在年终绩效评估时，不至于对结果感到意外，甚至怨气满天飞。

通过经常性的绩效评估，员工可以常常纠正自己工作中的缺点和不足之处，这是提高员工业绩的有力保障。

3. 不要过分重视员工是否满意

管理者在评估的时候往往神经比较"脆弱"，员工一旦有所不满就忐忑不安。虽然奖惩不是考核的目的，但是绩效评估结果的运用往往会触及部分员工的利益，没有人钱袋子瘪了还能开怀大笑，员工有所不满也属正常。这时，管理者应该做的就是要弄明白员工的不满到底来自哪个方面，是自己的工作没有做好，还是其他的原因？而不是一味地重视员工满不满意。只一味地重视员工的满意度，就表示管理者只是一味地承认员工的成绩而忽略员工工作中的不足，在这种一味片面肯定成绩的企业，员工的业绩是不会得到提升的。

✔ 考核一定要实事求是

先讲一个曾在名古屋商工会议所发生的真实故事：

日本西铁百货公司社长长尾芳郎，把自己特别欣赏的一个朋友介绍给名古屋商工会议所，因为该所急需一名管理分部的主任。

名古屋商工会议所主席土川元夫和这个人面谈后，立即告诉长尾芳郎说："你介绍来的这个朋友不是个人才，我很难留他。"

长尾芳郎听完以后非常吃惊，接着便有点生气地说："你仅仅和他谈了 20 分钟的话，怎么就知道他不能被留任呢？这种判断太草率、太武断了吧！"

土川元夫解释说："你的这个朋友刚和我见面，自己就滔滔不绝地说个没完，根本就不让我插嘴。而我说话的时候，他似听非听，满不在乎，这是他的第一个缺点。其次，他非常乐意宣传他的人事背景，说某某达官贵人是他要好的朋友，另一个名人是他的酒友等，向我表白炫耀，似乎故意让我知道，他不是一个一般人。再有，在谈业务发展时，他根本说不出有价值的东西。你说，这种人怎么能留用呢？"长尾芳郎听完土川的话后，也不得不承认土川的分析很有道理。

就这样，土川元夫没有顾及老朋友的情面，拒绝了他的推荐。后来，经过努力寻找，土川元夫终于找到了一个真正有才能的人。

在这个故事中，土川元夫无疑给我们树立了一个榜样——管理者在对员工进行考核时，一定要实事求是，行就是行，不行就是不行，绝对不能存有任何的私心偏念，否则，只会给企业带来损失。

赵靓从学校毕业后，应聘到某广告公司策划部。赵靓是个聪明好学、刻苦钻研、能力又非常强的人，因此很快就适应了工作。在做好自己本职工作的同时，她还经常向主管领导提出一些富有创意的想法。

但是，赵靓的主管领导并没有因此而赏识她；相反，却十分妒忌她的才能。在工作中，处处压制她，总是抓住她的一些小毛病不放。

两年过去了，当初和赵靓一起进公司而且能力不如她的同事，一个个都升了职，加了薪，而她却还是一个普通员工。无奈之下，赵靓只好辞职去了另一家广告公司。在那里，她得到了经理的重视，并且很快就能独当一面了。

正是由于赵靓的出色表现，这家广告公司的业务越做越大，和许多企业都建立了合作关系，这其中有相当一部分是赵靓原来公司的客户。后来，原来公司老总知道了这件事，一怒之下，辞退了那个"妒贤嫉能"的主管，但是，公司由于失掉赵靓这个人才而遭到的损失却是无法弥补的。

对员工的工作进行考核是管理者应尽的职责，更是一项挑战。如果管理者能够实事求是地做好这项工作，那么对企业、管理者及员工都有利，可以达到"共赢"的效果；反之，则对各方都不利。那么，管理者怎样才能做到实事求是呢？

1. 避免光环效应

当某人拥有一个显著优点时，人们总会误以为他在其他方面也有同样的优点。这就是光环效应。在考核中也是如此。例如：某员工工作非常积极主动，管理者可能会认为他的工作业绩也一定非常优秀，从而给他较高的评价，但实际情况也许并非如此，因为积极主动并不等于工作业绩。

所以，在进行考核时，管理者应将所有被考核员工的同一项考核内容进行考核，而不要以人为单位进行考核，这样就可以有效防止光环效应。

2. 避免感情用事

人是有感情的，而且不可避免地会把感情带入他所从事的任何一项活动中，绩效考核也不例外。管理者喜欢或不喜欢（熟悉或不熟悉）被考核员工，都会对被考核员工的考核结果产生影响。人们往往有给自己喜欢（或熟悉）的人较高的评价，对自己不喜欢（或不熟悉）的人给予较低评价的倾向。

针对这种情况，管理者可以采取集体评价的方法，去掉最高分和最低分，取其平均分，避免一对一的考核。

3. 避免近因误导

一般来说，人们对最近发生的事情记忆深刻，而对以前发生的事情印象浅显，管理者对被考核员工某一阶段的工作绩效进行考核时，往往会只注重近期的表现和成绩，以近期印象来代替被考核员工在整个考核期的绩效表现情况，因而造成考核误差。例如：被考核员工在一年中的前半年工作马马虎虎，等到最后几个月才开始表现较好，但却能得到较好的评价。

管理者要避免近因的误导就要明白，绩效考核应贯穿于管理者和员工的每一天，而不是考核期的最后一段时间。管理者必须注意做好考核记录，在进行正式考核时，参考平时考核记录方能得出较客观、全面、准确的考核结果。

4. 避免自我比较

管理者往往会不自觉地将被考核员工与自己比较，以自己作为衡量他们能力的标准，这样就会产生自我比较误差。若管理者是一位完美主义者，他就有可能会放大被考核员工的缺点，给被考核员工较低的评价；若管理者有某种缺点，则无法看出被考核员工也有同样的缺点。

这就要求管理者将考核内容与考核标准细化、明确，并要求管理者严格按照考核的原则和操作方法进行考核。

✓ 用统一的"尺子"衡量员工

这个故事发生在很久以前。

有一个很有智慧的国王，名叫"镜面"。

有一天，国王让盲人去摸象的身体：有摸着象脚的，有摸着象尾的，有摸着象头的……

国王便问他们："你们看见了象没有？"盲人们争着说："我们都看见了！"国王又问："那么你们所看见的象是怎样的呢？"

摸着象腿的盲人说："王啊！象好像柱子一样。"

摸着象尾的说："不，它像扫帚！"

摸着象腹的说："像鼓呀！"

摸着象背的说："你们都错了！它像一个高高的茶几才对！"

摸着象耳的盲人争着说："像簸箕。"

摸着象头的说："谁说像簸箕？它明明像一只笆斗呀！"

摸着象牙的盲人说："王啊！象实在和角一样，尖尖的。"

……

因为他们生来从没有看见过象是什么样的动物，难怪他们所摸到的、想到的都错了。但他们还是各执一词，在王的面前争论不休。

于是，镜面王哈哈大笑，说："盲人呀，盲人！你们又何必争论是非呢？你们仅仅看到了一点，就认为自己是对的吗？唉！你们没有看见过象的全身，自以为是得到了象的全貌。"

这个故事就好比有些管理者在对某一员工进行评价的时候，以不同的标准来衡量，就会有不同看法。如果管理者以人品来判断甲员工，以业绩来判断乙员工，又以勤劳度来判断丙员工，那他将很难得到统一的答案，也就很难判断某一员工是否真的适合企业发展的需要。所以，要想准确地考核一名员工，就应该用统一的"尺子"来衡量。

一些著名的管理专家认为，一个统一的"尺子"应该具备以下特点：战略一致性、信度高、明确性、可接受性。

1. "尺子"的战略一致性

战略一致性是指考核的标准，即"尺子"是否与企业的战略、目标和文化一致。如果某公司是一家服务业公司，那么它的考核标准就应该是对其员工向公司客户提供服务的好坏程度进行评价。战略一致性同时也强调考核标准为员工提供一种引导，使员工能够为企业的成功做出贡献。

2. "尺子"的信度要高

信度的一种重要类型是评价者信度：即对员工的绩效进行

评价的管理者之间的一致性程度，也就是甲管理者和乙管理者对员工评价的一致性程度。如果两个管理者对同一员工的工作绩效所作出的评价结果是一样的（或接近一样的），那么这种考核标准就具有了评价者信度。此外，对绩效的衡量还应当具有时间上的信度，即在不同时间对同一员工进行考核，却得出截然不同的结论，那么这种考核标准就缺乏信度。

3. "尺子"的明确性

明确性对于绩效管理的战略目的和开发目的有着很重要的影响。明确性是指"尺子"，即考核标准能够为员工提供一种明确的指导，告诉他们公司对他们的期望是什么，以及如何才能达到这些期望。如果一个考核标准没能明确地告诉员工，他们必须做些什么才能帮助公司实现战略目标，那么这一标准就很难达到其战略目的。此外，如果这一标准没能指出在员工绩效中所存在的问题，那么要想让员工去改善他的绩效就几乎成了空谈。

4. "尺子"的可接受性

可接受性是指运用"尺子"，即考核标准的人是否能够接受它。许多经过精心设计的考核标准具有极高的一致性，但是由于这些标准要耗费管理者太多的时间，因此他们拒绝使用这些标准。此外，那些要接受评价的人也可能会拒绝接受这种考核标准。如果员工认为某种考核标准很公平，那么它的可接受性就比较大。一个统一的考核标准的制定必须把管理者或者员工的可接受性放在重要的位置上。

✓ 如何收集考核的信息

考核是对员工业绩进行评价的主要手段。那么，管理者依据什么对员工进行考核呢？是考核信息。

假如，一名主管要对某一员工进行考核，但他却没有任何关于该员工的信息，即他对该员工平时的表现、跟同事的人际关系、对工作的投入度以及对公司的忠诚度都没有一个准确的认知，那么，他将无法准确判断该员工是否一个好员工、是否适合公司的需要、是否能为公司的发展做出贡献。

也有一些管理者对员工的考核信息掌握不全面，常常以为自己看到的就是该员工的真实情况。在考核的时候，又往往忽略其他员工对该员工的看法，于是，对该员工做出了不符合事实的考核结果。这样做不仅得不到一个真正意义上的好员工，还可能造成其他员工的怨言，对企业的凝聚力产生一定的影响，最终影响企业的发展。

那么，管理者应该如何收集考评信息，才能保证被考核员工信息的全面性呢？管理者可以通过以下3种方法收集员工信息：

1. 资料统计法

这种方法是对员工的各种资料进行收集，是各种信息的主要来源，如工作记录、考勤记录等。这些信息主要分散在公司的各个职能部门，需要管理者进行人工收集和整理，通过这种信息的收集，管理者可以了解员工在日常工作中的表现。

2. 客户调查法

这种方法是通过企业有意识地对客户进行调查，来获取客户意见的一种方法。常用的调查方法有电话调查，填写调查问卷等。无论何种调查方法，对问题的设计都需要具有一定的技巧。只有经过精心设计并不断被完善的调查，才能获取对管理者真正有价值的信息，同时还不会引起客户的厌烦。

3. 多向沟通法

这种方法是管理者与上下级或员工本人之间所进行的信息交流，可以分为横向沟通和纵向沟通两大类：横向沟通是来自平级同事之间的信息交流；纵向沟通是加强公司上下级与员工本人之间的信息交流。

（1）来自上级自上而下的反馈。

上级是最经常被作为绩效信息来源的人。人们通常认为管理者对于下属所从事的工作的要求具有全面的了解，并且他们有充分的机会对员工进行观察。也就是说，上级管理者有能力对他们的员工作出评价。一般来说，从上级那里收集到的主要是关于员工工作业绩的信息。

（2）来自下属的自下而上的反馈。

在对管理者进行评价的时候，员工是一种特别有价值的绩效信息来源。员工往往是最有权力来评价上级管理者是如何对待他们的。

（3）来自本人的反馈。

自我评价作为绩效评价信息的一个来源是很有价值的。员工是最有机会对自己的工作行为进行观察的人，而且他们通常也能够获得与他们的工作结果有关的信息。

但这种评价方法容易导致个人夸大对自己所作出的绩效评价，使评估有失偏颇。

（4）来自平级同事的反馈。

绩效信息的另一个来源是来自被评价员工的同事。如果管理者无法有足够的机会观察员工的行为，那么，被评价员工的同事就是一个很好的绩效信息来源。被评价员工的同事不仅通晓工作的要求，而且也是和该员工最接近、最有机会观察该员工日常工作活动的人，他们的评价较为客观。

✔ 有效的人力资源管理

人们经常说：一个和尚挑水喝，两个和尚抬水喝，三个和尚没水喝。有人说这是因为他们太懒惰了，才导致他们没水喝。其实并非如此。首先可以肯定的是，这三个和尚并不懒惰，因为一个和尚可以挑水吃，两个和尚可以抬水吃，他们既然能够抬水，甚至能够挑水，就说明他们并不懒惰。但是三个和尚在一起，力量变大了，反而没水喝了，这是何道理呢？这是因为他们之间缺乏有效的合作与管理的缘故。

三个和尚没水喝，是因为他们没有制定明确的责任分工，导致了他们中间该由谁提水的不明确性，以致他们认为反正别人肯定要喝水，因此他们肯定会去提水，而自己却可以坐享其成，结果，他们谁也没喝到水。同时，由于缺乏有效的沟通，他们产生了一种"吃亏"的担心，即如果自己去提水了，那么他们会不会就不去提水了？而且，他们之间也没有进行良好的内部合作，即我们所说的团队合作精神，以致三个和尚的力量加到一起不但没有得到增强，反而减小了，产生了"1+1+1 < 1"的效果。还有一种可能就是水源离他们的住所太远，道路行走不便，再加上担心吃亏的心理使他们把责任推给了对方。

要让三个和尚有水喝，应当制定明确的管理方案，即对这三个和尚进行有效的人力资源管理。如果方案进行顺利的话，不但三个和尚有水喝，而且还可以产生"1+1+1 > 3"的效果。那么，该如何制定明确的方案，建立合理的体制呢？

将需要做的事情全部列举出来。如挑水、洗衣服、砍柴、做饭、扫地、接待客人、念经等，然后，规定值日制度，规定每人多长时间轮换一次挑水。这相当于进行目标管理。

规定每天必须挑水多少担。为了防止有人在挑水时投机取巧（比如说，用比原来更小的桶去挑水，或者每次只挑半担水），要对水桶的大小作出规定，并且为了在检查时不会发生争议，必须规定水桶中的水离桶沿最多不能超过多少厘米。（或者，也可以对这些不做规定，只要求满足当天的用水需求，但是，这样又可能出现另外的问题：如有人可能大量地浪费水……）这相当于作工作分析，写工作说明书。

用互锁的原理交叉地对所做的工作按照规定进行检查。这相当于进行绩效考核。

制定奖惩制度。对工作表现优秀者，可以提前去学武功。这相当于薪酬福利。

根据多次考核结果，实行奖惩。这相当于竞争淘汰。

如此一来，三个和尚有水喝就不是什么不可实现的事了！

第二章

绩效考核的内容及形式

✔ 绩效考核的内容及形式

1. 考核的内容

（1）高层管理者："做正确的事"，因此，主要针对基于战略目标实施的 KPI 指标考核，同时也要考核管理状况。

（2）中、基层管理者："把事做正确"，因此，主要基于 KPI 指标落实的工作目标完成情况进行考核。

（3）业务人员："正确地做事"，因此，不仅强调工作计划的完成、工作职责的履行，更要关注工作执行过程中的规范性、主动性、责任性等关键行为。

（4）操作类人员的考核相对比较简单，因为他们的大多数工作是可以计量的，因此主要基于绩效原则的计量考核。

2. 考核的形式

采用什么考核形式主要取决于考核对象的职位特点、考核内容和考核目的。

（1）由于高层管理者不仅强调"会做事"，更要关注"思路清晰"，而述职考核形式恰好能够达到这样的目的。

（2）中、基层管理者承担着上传下达的任务，如何将高层管理者承担的基于战略的 KPI 目标和关键措施落实，中、基层管理者的作用至关重要。因此，对于中、基层管理者，不少企业也采用述职考核的方式。通过述职，一方面让高层确信中层在沿着预定的目标前进，同时，也便于高层管理者及时掌握环境变化信息，及时调整思路，采取针对性的应对措施。

（3）业务人员的考核形式更多采用的是考核表格的方式，上下级将考核内容列入考核表，最后依照预定的目标和要求进行评价。

（4）操作类人员的考核内容是TQCS，即时间、质量、成本、服务，考核形式更多用的是过程记录表。

✔ 员工的业绩考核

任何企业，只有创造出一定的利润来，才能够继续生存和发展。那么，利润从哪里来呢？没错，它是由员工创造出来的，只有每个员工都朝着企业的发展目标努力去工作，企业才能兴旺发达。

在企业中，对员工的工作业绩进行考核是非常重要的。

俗话说"言必行，行必果"，业绩是行为的结果，业绩考核就是对行为的结果进行考核和评价。

结果可能有效，也可能无效，行为结果的有效性是对"目的"而言的。所以，业绩往往被认为是有效的结果，也称为成果、效果或绩效等。同样，业绩对于目的而言，又被认为是一种"贡献"和"价值"，业绩的大小，被认为是贡献或价值的大小，即贡献度或价值量。业绩考核，就是考核组织成员对组织的贡献，或者对组织成员的价值进行评价。

考核是一个被广泛运用的概念，评先进、评劳模、评积极分子、评议干部，大都带有这种色彩。这是因为人们普遍认为业绩应该具有客观可比性，唯有依靠业绩对人进行评价才有可能是公平或公正的。

对一个企业的经营者来说，希望每一个员工的行为能够有助于企业经营目标的实现，为企业作贡献，这就需要对每个员工的业绩进行考核，并通过考核掌握员工对企业贡献的大小和价值的大小。

那么，员工的业绩包括什么呢？可以用两个词加以概括——效率和效果。

效率是指投入与产出的关系。对于一定的投入，如果能获得比别人多的产出，那么你的效率就高；或者说，对于同样的产出，投入的比别人都少，那么你的效率也是高的。

针对效率问题，美发中心的经理可能会产生这样的疑问："我们这里并不生产产品，那么怎样考核服务员的效率呢？"

其实，在投入方面，除了原材料以外，还有一个重要的因素，那就是时间。对于类似于美发中心这类的服务性行业，就可以用时间来衡量员工的效率。服务员甲修剪一个发型需要40分钟，而乙修剪同样的发型只需30分钟。很明显，乙的效率就比甲的高。

在生产性企业，对时间的考核也是很重要的。我们用服装厂的例子来说明这个问题。A和B两个人裁剪同样一件衣服都

绩效考核与薪酬激励
精细化设计及整体解决方案

用了 5 尺布，那么他们谁的效率高呢？这就要借助于时间了，A 裁剪这件衣服花了 10 分钟，B 则用了 15 分钟才完成，显然 A 的效率比较高。

"如果 A、B 两人裁剪同样的衣服，花费的时间不同，耗费的布匹数量也不同。那么，怎么来考核他们的效率呢？"

这里，就不仅仅涉及效率，还存在一个工作的效果问题，当员工的工作实现了企业的目标时，我们就可以说他的工作是有效果。企业的目标，一般而言都是创造利润、维系生存，并谋求更大的发展。

所以，在对员工的效率进行考核时，还必须要考核他们的工作效果。

美发中心同样存在这一问题。虽然乙的工作效率高，但是如果他修剪的技术不高，顾客对他的服务不满意，以后就不会再找他修剪头发了。连顾客都没有了，工作效率再高又有什么用呢？

可见，效率涉及工作的方式，而效果则涉及工作的结果。任何企业都在朝着"高效率＋高效果"这一方向努力，那么对员工的考核当然不能少了这一内容。

✔ 员工的能力考核

有些人在企业中工作得非常好，可能是因为他们所从事的职务工作十分简单，十分容易；相反，另一些人在企业中干得十分吃力，工作完成得不那么出色，也许是因为他们所担当的工作任务很艰难、很复杂。不能因此认为前者对企业的贡献大，后者对企业的贡献小，这样的评价是不公平的。

假如企业中的职务，或者对企业贡献和作用不同的工作，由员工自由而充分地进行选择，就像在一些企业中实行的"员工竞争上岗""干部双向选择录用"等制度一样，那么一些困难而复杂的职务，往往表现为对企业相对价值、贡献和作用较大，表现为这些职务由能力较强者担当。这是公平的、可接受的准则。

所以，在业绩考核的同时，还必须进行能力考核。换言之，能力不同，所担当的工作重要性、复杂性和困难程度不同，贡献也就不同。

能力考核与业绩考核如同跳高运动一样，当跳过某个高度时，就有了对应的成绩，由裁判员进行"考核"。你可能发挥得很好，比其他选手跳得都出色，甚至你可能会打破这一级别的纪录，理所当然你就应该得到相应的荣誉和嘉奖，这就是"业绩考核"。但你还必须进一步努力，提高跳高技巧和能力，达到更高一级的水平，你才可能享受更高级别的待遇，这就是"能力考核"及其意义。

对一个组织来说，不仅要追求现实的效率，还要追求未来可能的效率，希望把一些有能力的人提升到更重要的岗位，希望使现有岗位上的人能发挥其能力，所以，能力考核不仅是一种公平评价的手段，也是充分利用企业人力资源的一种手段。同样，把一个能力偏低的人调离其现职，无疑有利于企业效率的提高。所有这些，单纯依靠"业绩考核"是做不到的。业绩充其量只能回答他在现有岗位上表现如何，但回答不了现有岗位是否适合他。

能力与业绩有显著的差异，业绩是外在的，是可以把握的，而能力是"内在"的，难以衡量和比较。这是事实，也是能力考核的难点。

"那么怎么考核员工的能力呢？"管理者都非常关心这个问题。把"能力"分解成具体的、可以测量的外在内容，问题不就解决了吗？具体来讲，能力可以分解成四个部分：一是常识、专业知识，二是技能和技巧，三是工作经验，四是体力。

为了更好地说明这一问题，不妨来看一个例子。对于航空公司的驾驶员来讲，要想获得驾驶资格，就必须掌握许多常识以及驾驶的知识，此外还要了解与驾驶飞机相关的气象知识、航天航空知识、通讯导航知识、飞机维修和制造知识……并考核考试合格。但这仅仅是"能力"的一部分而已。此外，要经过一定时间的模拟飞行、操作练习，直到掌握操作技能，并通过合格，这才有驾驶资格。换言之，要取得驾驶执照，就必须具备知识与技能，即能力的前两个构成内容。

真正要单独飞行，还得"随机"若干年，从最基本的工作干起，甚至要从维修飞机干起，积累若干年与飞行有关的基本工作经验之后才能允许你单独飞行。这就是能力构成的第三部分内容，即"经验"。好的驾驶员，是以飞过多少小时而论的，如百小时飞行员。

当你真正成为飞行员后，也不是说想飞行就能够飞行的，必须由医生开具"许可证"，即必须由医生证明你体力没问题，可以飞行，你才有资格登机驾驶。飞行员年纪一大，体力衰退，就得及时调换，这就是能力的第四部分构成内容。

✔ 员工的态度考核

一般来说，能力越强，业绩就可能越好。可是有一种现象使你无法把两者等同起来，这就是在企业中常可见到的现象：一个人能力很强，但出工不出力；而另一个人能力不强，却兢兢业业，干得很不错。两种不同的工作态度，就产生了截然不同的工作结果，这与能力无直接关系，主要与工作态度有关。企业是不能容忍缺乏干劲、缺乏工作热情，甚至懒惰的员工存在的。所以，需要对员工的"工作态度"进行考核。

对于工作态度这一点，日本的土光敏夫有着独到见解。他从自己长年从事的经营管理工作中深刻地体会到："人们能力的高低强弱之差固然是不能否定的，但这绝不是人们工作好坏的关键，而工作好坏的关键在于他有没有干好工作的强烈欲望。"他总结说："人们能够具有对工作的强烈欲望并且能长久地存在下去，这是最重要的。具有了这种强烈欲望的人，才可以说是具有了成功法宝的人。"同时，他还认为：尽管有的人很有才能，但由于对工作的热情和欲望不同，一段时间以后，也会产生很大的差异。土光敏夫个人成功的经历就是工作热情的充分展现。

土光敏夫年轻时，在石川岛造船所和石川岛芝浦透平会社工作过，就是凭着一股子热情和强烈的欲望，才使他赢得了成功。

当时在石川岛的人员中，充满了一种"为了事业的人请来，为了工资的人请走"的工作气氛，因此吸引了大批技术高超、事业心强的人来这里工作。那时的土光敏夫只是一个技术员，为了使自己不落后，他一方面努力提高技术，另一方面攻读德语。凭着自己的热情和工作欲望，在石川岛工作期间，他成功研制了国产发动机，使大量使用进口产品的厂家开始使用国产产品。

有人问起此事时，土光敏夫总是说："我没有什么超人的才能，但我有着永不熄灭的工作热情和强烈的工作欲望。"

可以这么说，工作态度是工作能力向工作业绩转换的"中介"。但有一点我们必须承认：即使工作态度不错，工作能力也未必一定能全部发挥出来，转换为工作业绩，这是因为从能力向业绩转换的过程中，还需要除个人努力因素之外的一些"辅助条件"，有些是企业内部条件，如分工是否合适、指令是否正确、工作场地是否良好等；还有企业的外部条件，如市场、产品、原材料等方面的因素。

✓ 员工的个性考核

一位经理请专家给他的公司做人事诊断，因为他发现员工的业绩普遍比较糟糕。经过详细的"诊断"，专家最后找到了病因——这位经理在安排工作时犯了一个错误。他把那些性格内向、不擅长社交的人安排去搞销售工作，而让性格外向、活泼好动、喜欢与人打交道的员工去做财务工作。这种安排，员工怎么可能做出令人满意的业绩呢？

在企业中，这是一个普遍存在的问题。"干一行，爱一行"，"我是一颗螺丝钉，无论放在哪里都能发光"……正是这种思想的影响，许多企业在为员工安排工作时，根本就没有考虑他们的个性。

其实，我们每个人的个性——包括性格、气质等都是不同的，正是由于个体在心理特性上的差异，才会出现不同的人干同一件工作会产生不同的效果的情况。只有当员工的个性特征与工作类型相匹配，才能更好地发挥他的优势，把工作完成得更加出色。

接着上面的例子继续说下去。找到病因后，专家就向经理建议重新安排员工的工作，让性格内向的员工去干财务，销售

绩效考核与薪酬激励
精细化设计及整体解决方案 ✓

工作则交给性格外向的员工。经过这一调整，情况很快就发生了转变，公司的各项工作完成得都比以前出色。

因此，在对员工进行考核时，也不能忽视对其个性进行考查。在人的个性中，气质是最主要的方面。气质也就是我们通常所说的"脾气""性情"，它是一个人在生理基础上形成的稳定的心理特征。

按照人的高级神经活动差异，心理学家把人们的气质划分为四种类型：胆汁质、多血质、黏液质、抑郁质。每种气质类型的人在性格上都有各自的长处与不足。

（1）胆汁质：具有这种气质的人，精力旺盛、行动迅速、易于激动、直率、进取心强、大胆倔强、敏捷果断，但是自制力差，有时候甚至刚愎自用，不听劝告。

（2）多血质：具有这种气质的人，灵活机智、思维敏锐、善于交际、适应性强、活泼好动、情感外露、富于创造，但是他们往往粗心大意、情绪多变、富于幻想、生活散漫、缺乏忍耐力。

（3）黏液质：具有这种气质的人，坚定顽强、沉着踏实、耐心谨慎、自信心足、自制力强；而且善于克制忍让、生活有规律、心境平和，但是却沉默少语、不够灵活、固执拘谨、因循守旧。

（4）抑郁质：具有这种气质的人，对事物敏感、做事谨慎细心、感受能力强、沉静含蓄、办事稳妥可靠、感情深沉持久，但是遇事往往犹豫不决、缺乏信心、多疑、孤僻、拘谨、自卑。

一般来说，大多数人的气质都是属于混合型的，因此在性格上就兼具多种气质的长处与不足。不同气质类型的人，他们最适合从事的工作也是不尽相同的。因此，要依据员工的气质类型，合理安排工作。

第二章

最有效的绩效考核方法

绩效评估的方法

绩效评估是企业管理的重要工具，员工的调任、升迁、加薪等重大决定都依赖于绩效评估，只有对绩效进行公正的鉴定和评估，赏罚分明，才能充分调动员工的积极性，为实现企业目标服务。企业应运用科学的方法对员工进行绩效评估。绩效评估的方法很多，用得比较广的方法有：目标管理法、比较法、行为法和特性法。

1. 目标管理法

目标管理法是目前较为流行的一种绩效管理方法，管理学大师彼得·德鲁克在《管理实践》一书中首先提出了目标管理。目标管理的指导思想是每一项工作都必须为达到总目标而展开，衡量一个员工是否合格，关键要看他对企业目标贡献的大小。目标管理是管理者与员工之间双向互动的过程，那种认为目标管理仅仅指管理者制订一个目标，然后要求下级去完成的观念是片面的。在进行目标制订时，上级和下级都必须依据自己的经验和手中的材料，各自确定一个目标；然后双方进行沟通，找出两者之间的差距以及差距产生的原因，提出解决方法；然后重新确定目标，再进行沟通和讨论，直至取得一致意见。目标应当由双方进行确定，一旦目标被双方认可并确定下来，就必须严格地执行，并按照目标的要求进行定期考查和互相督促，当需要对目标进行调整时，双方应根据企业实际情况对目标进行调整。

2. 比较法

比较法是按工作绩效由高到低排列员工名单，据此进行精简组织、人事调整的决策。比较法包括序列法、配对比较法、等级法三种具体方法。

（1）序列法

序列法可分为直接序列法和间接序列法两种。直接序列法是指管理人员按员工绩效表现从好到坏的顺序依次排序，这种绩效表现既可以是整体绩效，也可以是某项特定工作的绩效。直接序列法仅适用于小企业，即员工较少的情况。间接序列法则适用于员工较多的中型企业。间接序列法是把最好的员工列在名单开头，最差的员工列在名单末尾，然后在剩下的员工中挑选最好的列在名单第二位，把表现最差的列在名单倒数第二位……这样依序进行，不断挑选出最好的和最差的员工直到排序完成，因此，最后被填入的应该是名单上中间的位置。

（2）配对比较法

配对比较法是指在某一绩效标准的基础上把每一个员工与其他员工相比较来判断谁"更好"，记录每一个员工和其他员工比较时被认为"更好"的次数，根据次数的多少给员工排序。配对比较法能够比较客观地把每一位员工与其他员工的绩效进行比较。它的缺点是，如果需要评价的人数很多，工作量会很大，而且有可能出现评估循环的现象。

（3）等级法

等级法是由评估小组或主管先拟定有关的评估项目，按评估项目对员工的绩效做出粗略的排序；然后设立一个绩效等级并为各等级设定固定的比例分配，如"优"10%、"较优"20%、"中"40%，"较差"20%、"差"10%，按每个人的绩效排序分配绩效等级。采用这种方法，绩效评估结果着重于每个人的绩效等级，不再着重于具体排序。

3. 行为法

行为法使管理人员能够依据客观的行为标准来评估每一个员工。行为法包括行为评等记录法、关键事件记录法、行为锚定评分法几种具体方法。

（1）行为评等记录法

行为评等记录法通常包括若干评估项目。如评估中级管理人员的工作实绩时，一般制订的评估项目有：政策水平、责任心、决策能力、组织能力、社交能力、协调能力和应变能力等，对每项设立评分标准，最后把各项得分加权相加，就得出每个人的绩效评分。

（2）关键事件记录法

关键事件记录法是根据业绩记录进行评估的一种方法。需要说明的是，所记载的事件既有好事（如某日提前多少时间完成了分配给他的某项重要任务），也有不好的事（如某日因违反操作规程而造成一次重大的质量事故）；所记载的应是具体的事件与行为，不是对某种品质的评判（如此人是认真负责的）；所记载的必须是较突出的、与工作绩效直接相关的事（关键事件），而不是一般的、琐碎的、生活细节方面的事。最后还应指出，关键事件的记录本身不是评语，只是素材的积累。有了这些具体事实作为根据，经归纳、整理，便可得出可信的考评结论。

（3）行为锚定评分法

行为锚定评分法实质上是行为评等记录法和关键事件记录法相结合的产物，因此兼具两者之长。它为每一职务的各评估维度都设计出一个评分量表，并有一系列典型的行为描述句与量表上的一定刻度（评分标准）相对应和联系，供评估者为被评估者实际表现评分提出参考依据。

4. 特性法

绩效评估的特性法是衡量员工拥有某些特征的程度，而这些特征通常被认为对岗位和企业非常重要，这些特性包括创造性、依赖性、自主性和领导能力等，特性法的特点是比较容易更新。为避免偏见和主观性，在使用特性法之前，必须进行职务分析。特性法主要包括图尺度法、混合尺度法和强迫选择法几种具体方法。

（1）图尺度法

图尺度法是根据一个 5 分或多分的评估尺度来进行等级评估的方法，管理者一次只要考虑一位员工，然后找出一个与被评价员工所具有特性的程度最为相符的分数即可。图尺度法的优点是，可以为评价者提供大量的不同点数，也可以给评价者提供一种具有连续性的点数，评价者只要在这个连续点数中做出一个复选标记即可。

（2）混合尺度法

混合尺度法比图尺度法具有更大的优点。为了创建一种混合标准尺度，管理人员首先必须对相关绩效维度进行严格的界定，然后分别对每一个维度内部代表好、中、差绩效的内容加以阐明，再在实际评价表格的基础上将这些说明与其他维度中的各种绩效的内容加以阐释，最后在实际评价表格的基础上，将这些说明与其他维度中的各种绩效等级说明混合在一起。

（3）强迫选择法

强迫选择法要求评估者从每一组陈述中作出选择。强迫选择法包括以下6组内容：缺乏良好的工作习惯，工作努力，工作快捷，能够回应客户，显示自主性，产品质量差。每一组陈述都分别表述工作的成功与不成功。评估者只需从每组陈述中选出一种，而无须知道哪一种陈述更准确地表示成功的工作行为。

✓ 360度考核法

我国的一些企业在进行绩效考核时，大多由上级主管人员来完成。这种考核方式由于其信息考核面较窄，难以保证考核的客观性和公正性。那么，西方先进企业又是如何进行考核的呢？工作是多方面的，工作业绩也是多维度的，不同个体对同一工作得出的印象是不相同的。正是根据此原理，人们在实际工作过程中开发出了360度考核法（全视角绩效考核法）。该方法通过不同的考核者（上级主管、同事、下属和顾客等）从不同的角度来考核，全方位、准确地考核员工的工作业绩。360度考核法是被考核人的上级、同级、下级和服务的客户对他进行评价，通过评价知晓各方面的意见，清楚自己的长处和短处，来达到提高自己的目的。

1. 看到问题的两方面

据最新调查，在美国《财富》排出的全球1000家大公司中，超过90％的公司在职业开发和绩效考核过程中应用了全视角绩效考核系统。全视角绩效考核系统之所以如此盛行，就在于它有以下几项优点：

（1）综合性强。集中了多个角度的反馈信息，打破了由上级考核下属的传统考核制度，可以避免传统考核中考核者极容易发生的"光环效应""居中趋势""偏紧或偏松""个人偏见"和"考核盲点"等现象。较为全面地反馈信息有助于被考核者多方面能力的提升。

（2）信息质量可靠。管理层获得的信息更准确。

（3）通过强调团队和内部／外部顾客，推动了全面质量管理。

（4）从多个人而非单个人那里获取反馈信息，可以减少偏见对考核结果的影响。同时，可以反映出不同考核者对于同一被考核者不同的看法。

（5）从员工周围的人那里获取反馈信息，可以增强员工的自我发展意识，增加他们的自主性和对工作的控制。员工的积极性会更高，对组织会更忠诚，员工的工作满意度就提高了。

但是，该系统也存在一些问题，比如：

（1）考核成本高。当一个人要对多个同伴进行考核时，时间耗费多，由多人来共同考核所导致的成本上升可能会超过考核所带来的价值。

（2）成为某些员工发泄私愤的途径。某些员工不正视上司及同事的批评与建议，将工作上的问题上升为个人情绪，利用考核机会"公报私仇"。

（3）考核培训工作难度大。组织要对所有的员工进行考核制度的培训，因为所有的员工既是考核者又是被考核者。

（4）员工可能会相互串通起来集体作弊。

（5）来自不同方面的意见可能会发生冲突。

（6）综合处理来自各方面的反馈信息时比较棘手。

2. 实施的一般程序

360度考核法的一般实施过程包括以下几个方面：

（1）第一阶段：考核项目设计。

决定是否采用360度考核法，需要进行需求分析和可行性分析。在确定实施该考核方法后，应编制基于职位胜任特征模型的考核问卷（或称自定义问卷），这些问卷可以针对本企业的特殊要求来编制，也可以向咨询企业购买成型的问卷，但一定要考虑周到，不能简单搬用基于异国文化、不同行业的问卷，最好做一些需求调查，再决定采用什么考核问卷。

（2）第二阶段：培训考核者。

组建360度考核队伍。此处应注意的是对于考核者的选择。无论是由被考核者自己选择还是由上级指定，都应该得到考核者的同意，这样才能保证被考核者对结果的认同和接受。然后，对被选拔的考核者进行如何向他人提供考核和反馈方法的训练和指导。

（3）第三阶段：实施360度考核。

360度考核的实施阶段主要包括以下几个环节：

①实施360度考核需要对具体实施过程加强监控和质量管理。比如，对从问卷开封、发放、宣读指导语到疑问解答、收卷和加封保密的过程，实施标准化管理。如果实施过程未能做好，则整个结果可能是无效的。

②统计考核信息并报告结果。目前，已有专门的360度考核软件支持统计评分和报告结果，包括多种统计图表的绘制和及时呈现，使用起来相当方便。

③对被考核者进行如何接受他人考核信息的培训，可以采用讲座和个别辅导的方法进行。关键在于建立对考核目的和方法的可靠性的认同。与奖励、薪酬挂钩只是一个方面，更要让

被考核者体会到，360 度考核结果最主要的作用是为员工改进工作绩效和职业生涯规划提供咨询建议。

④企业管理部门针对反馈的问题制订行动计划，这一环节也可以由咨询企业协助实施，由他们独立进行信息处理和结果报告。其优越性在于，报告的结果比较客观，并能提供通用的解决方案和发展计划指南。但是，企业的人力资源管理部门应当尽可能地在考核实施过程中起主导作用，因为任何企业都有自己特有的问题，而且，企业的发展战略与支持员工的工作行为息息相关，涉及市场竞争的策略等内容，如果由多方面的专家参与，考核效果会更好。

（4）第四阶段：反馈面谈。

在这一阶段要确定进行面谈的成员和对象，进行有效的考核反馈，帮助被考核者进行职业生涯规划。

（5）第五阶段：效果考核。

这里主要指现场考核和反馈工作完成后需要进行的工作，包括两个步骤：

①确认执行过程的安全性。鉴于 360 度考核中包括了下级、同事及其他人员的考核，要检查信息收集过程是否符合考核要求。此外，在信息处理时，还应当考虑不同信息来源的准确性的差异。

②考核应用效果。客观考核这种方法的效果，此外，应当总结考核中的经验和不足，找出存在的问题，为下一次考核积累经验，从而不断完善整个考核系统。

3. 实施时应注意的问题

360度考核法虽已被广泛采用，但使用时要格外小心。在采用此方法之前，要仔细阅读方法过程中的每一项目，要记住，任何方法都是由人来决定其成败的，而不是由技术来决定的。得仔细估算一下这种方法的成本和为提高绩效所做出的贡献。

首先，从辩证的角度看，360度考核法涉及的数据和信息比单渠道考核法要多得多。这个优点本身就可能是个问题，因为收集和处理数据的成本很高。同时，由于有大量的信息要汇总，这种方法有变成机械和追逐文字材料的趋向，即从两人的直接沟通演变成表格和印刷材料的沟通。

因评级方法的使用和考核准确性与客观性方面的原因，大多数专家都认为，用360度考核法的结论来决定提升或酬劳是一种冒险的做法。如果你采用360度考核法，要将它作为一种为员工提供绩效信息的方法，而不要据此作出最后决策。

还有，理解从不同渠道来的评分和信息有时也不容易，因为这些渠道并非总是一致。例如，对同一员工的沟通能力问题，经理评为优，工友评为中，而客户评为差。这时应怎么办？

另外，员工可能会相互串通起来集体作弊，来自不同方面的意见可能会发生冲突，在综合处理来自各方面的考核信息时比较棘手。

英特尔公司在建立全视角绩效考核系统时，采取了一些防范措施，以确保考核质量的做法可供广大企业参考。

（1）匿名考核。确保员工不知道任何一位考核小组成员是如何进行考核的（但主管人员的考核除外）。

（2）加强考核者的责任意识。主管人员必须检查每一个考核小组成员的考核工作，让他们明白自己运用的考核尺度是否恰当，结果是否可靠，以及其他人员又是如何进行考核的。

（3）防止舞弊行为。有些考核人员出于帮助或伤害某一位员工的私人目的，会作出不恰当的评价；团队成员可能会串通起来彼此给对方作出较高的评价。主管人员就必须检查那些明显不恰当的评价。

（4）采用统计程序。运用加权平均或其他定量分析方法，综合处理所有评价。

（5）识别和量化偏见。查出与年龄、性别、民族等有关的歧视或偏爱。

我们可以看出，虽然全视角绩效考核系统是一种很有实用价值的绩效考核方式，但它与任何一种考核技术一样，其成功也依赖于管理人员如何处理收集到的信息，并保证员工受到公平的对待。

✔ 目标管理法

目标管理法（Management By Objective，MBO）特别重视员工对组织的贡献。目标管理也是一种有效的评价员工业绩的方法。在传统的绩效评价方法中，常常使用员工的个人品质作为评价业绩的标准。另外，评价负责人的作用类似于法官。运用MBO法，评价过程的关注点从员工的工作态度转移到工作业绩上，评价负责人也从公断人转换成了顾问和促进者。此外，员工也从消极的旁观者转换成了积极的参与者。

员工同他们的部门经理一起建立目标，然后在如何达到目标方面，经理给予员工一定的自由度。参与目标设定使得员工成为该过程的一部分。目标的所有权增加了员工得到满足的可能性。在评价的后期，员工和部门经理需要举行一次评价会见。经理首先审查所实现目标的程度，然后审查解决遗留问题需要采取的措施。经理们在整个评价时期要保持联系渠道公开。在评价会见期间，解决问题的讨论仅仅是另一种形式的反馈面谈，其目的在于根据计划帮助员工进步。与此同时，就可以为下一个评价期建立新的目标，并且开始重复评价过程的循环。

1. 对目标的要求

目标管理法主要包括以下两个方面的重要内容：

（1）必须与每一位员工共同制订一套便于衡量的工作目标。

（2）定期与员工讨论他的目标完成情况。

不过，尽管你可以通过与员工一起制定目标并定期提供反馈来使用目标管理法，但还必须考虑到，要运用这种工作绩效评价法，就必须在建立工作绩效评价体系的同时，照顾到整个组织的目标。

一旦确定以目标管理为基础进行绩效考核，那就必须为每个员工设立绩效目标。目标管理系统是否成功，主要取决于这些绩效目标陈述的贴切性和清晰性。设定绩效目标通常是员工与其上级部门及其上级部门之间努力合作的结果。各级绩效目标是否能够清晰合理地设置，直接决定着绩效考核的有效性。绩效目标的设定除了可以参考其他绩效考核方法中所使用的绩效指标设计的原则，还必须特别注意以下几点：

（1）目标要清楚、明确。

在设置目标时，用双方都能理解的语言和术语来讨论在一定期限内要完成的主要任务。如果可能的话，让员工或流程负责人自己设置他们的目标，自己设置的目标对他们更富有价值。如果他们要求管理者为他们设置目标，管理者要创造出自由讨论的气氛，一起设置目标。定下工作目标以后，写成书面的备忘录，有助于他们自我检查。

一般组织目标的通病是叙述太笼统。所定目标虽有一定的弹性，但要使目标具体化，例如，"销售额比上年增长5％"，"到2002年市场占有率应达到15％"等。高层的目标越具体，组织基层制定目标的过程就越简单。

（2）目标要可评估。

所设置的目标，要简单且易于评估，最好能用量化指标。譬如，维修流程的修理数量和返修比率、产品开发与设计流程的开发周期和可行方案、信贷部门的利润总额和利润率等。如

"在下一个计划年度把市场占有率提高5%"，这一目标是可衡量的，它使管理人员在年度中能衡量进展情况，并把实绩和预期目标相对照。

（3）目标要有相容性。

一方面，个人目标要相容于流程目标，流程目标要相容于整个组织的目标；另一方面，流程之间、个人之间的目标要衔接。也就是说，一个流程目标的实现要有助于（至少不能妨碍）另一个流程实现目标。

（4）目标必须与在更高的组织层次上所设定的目标相一致。

目标设定的进程从组织层面开始，按等级制往下的连续水平上设定的目标，应当同更高组织层面上所设定的目标一致。个人的目标应当指出具体必须完成些什么，这样便能最好地帮助他的工作单位实现它的目标。

（5）目标必须是具体的和富有挑战性的。

具体的和富有挑战性的目标是创造高绩效的保证。一个富有挑战性的目标是那种只有当员工付出他们最大的努力才能实现的目标。

（6）目标必须是现实的和可实现的。

尽管目标应该是富有挑战性的，它们还必须是现实的和可以实现的。一个目标的实现应当在雇员的控制之内，你必须保证雇员们具有为完成目标所必需的资源和职权。如果一个目标随后被证明是不可达到的或是不贴切的，那么它就应该被抛弃。

2.SSMART 检测原则

目标管理的做法，是在前一年年底或当年年初，把年度目标订出来。建立有效的目标管理，需建立 SSMART 的检测原则。

SSMART 的原则如下：

S—Stretch　每项目标需要使自己在能力范围内再多做一点，若说达到一般目标是 100 分，那延展的满分就是 110~130 分。

S—Specific　每项目标的制订，一定是特定的，而不是一个笼统概略性的。

M—Measurable　每项目标必须要用量化的指标来评定。评量方法中，数字是最容易取得的。有些目标可以用数字来表达，如营业额、市场占有率、利润、离职率、完成次数；有些目标可以用有／无来表达，如有没有客户抱怨、有没有开发成功第一批产品、是否上市；再接下来的评量方法，可借其他的途径取得，如客户服务满意调查报告、市场调查报告或员工工作满意调查报告等。

A—Achievable　所有的目标虽是比能力范围再多一点，但一定要是能达得到的。在此，主管必须帮助员工检视目标的可行性，因为，达不到的目标，制订跟没制订结果是一样的。可行性不高的目标，也没有什么意义。

R—Relevant　每项目标必须与其直接报告主管的目标相结合。

T—Time-bound　每项目标设定好，除了要能量化评估外，还要在限定的时间内完成。

3. 实施目标管理法的步骤

目标管理法主要有以下 6 个实施步骤：

（1）确定组织目标。制订整个组织下一年的工作计划，并确定相应的组织目标。

（2）确定部门目标。由各部门领导和他们的上级共同制订本部门的目标。

（3）讨论部门目标。部门领导就本部门目标与部门下属人员展开讨论（一般是在全部门的会议上），并要求他们分别制订自己个人的工作计划。换言之，在这一步骤上需要明确的是：本部门的每一位员工如何才能为部门目标的实现做出贡献？

（4）对预期成果的界定（确定个人目标）。在这里，部门领导与他们的下属人员共同确定短期的绩效目标。

（5）工作绩效评价。对工作结果进行审查，部门领导就每一位员工的实际工作成绩与他们事前商定的预期目标加以比较。

（6）提供反馈。部门领导定期召开绩效评价会议，与下属人员展开讨论，一起来对预期目标的达成和进度进行讨论。

运用目标管理法的思路应该说简单明了，但在实际操作过程中，有可能会出现以下 3 个方面的问题：

（1）所确定的目标不够明确、不具有可衡量性是一个最主要的问题。例如，确定"能够更好地从事培训工作"这样的目标是没有什么实际用处的，"使 4 名下属人员在本年度得到提升"

这样的目标才是可以衡量的。

（2）目标管理法比较费时间。订立目标、对进展情况进行评价以及提供反馈意见都是十分耗时的，评价人每年在每一位员工身上至少要花费数小时的时间，这比你一次性地对每个人的工作绩效进行评价要费时得多。

（3）与下属员工共同确定目标的过程有时候会演变成一场"舌战"，因为你想将目标定得高一些，而下属人员却千方百计地要把目标定得低一些。因此，了解工作的要求以及下属的能力是十分重要的。因为要想使目标对员工的工作绩效真正有推动作用，就必须使其不仅是公平的，而且是员工能够达到的。你对工作和下属人员的能力了解得越透彻，你制订出来的目标就越有可行性。

4. 客观的评价

作为一种绩效评估工具，目标管理得到了广泛的应用。许多研究认为，目标管理具有较高的有效性，它通过指导和监控行为而提高工作绩效，也就是说，作为一种有效的反馈工具，目标管理使员工知道企业对他们的期望是什么，从而把时间和精力投入到能最大限度实现重要的组织目标的行为中去。研究进一步表明，当目标具体而具有挑战性时，以及当员工因完成目标而得到奖励时，他们表现得最好。

从公平的角度来看，目标管理较为公平，因为绩效标准是按相对客观的条件来设定的，因而评分相对没有偏见。

绩效考核与薪酬激励
精细化设计及整体解决方案

目标管理相当实用且成本不高。目标的开发不需要像开发行为锚定式评定量表或行为观察量表那么花力气。必要的信息通常由员工填写，由主管批准或者修订。

目标管理的另一个优点是，使员工在完成目标中有更多的切身利益，使员工及主管之间的沟通变得更好。

当然目标管理也有一些缺点，并存在若干潜在的问题，这里我们讨论其中的4个主要方面：

（1）尽管目标管理使员工的注意力集中在目标上，但它没有具体指出达到目标所要求的行为。这对一些员工尤其是需要更多指导的新员工来说，是一个问题，应给这些员工提供"行为步骤"，具体指出他们需要做什么才能成功地达到目标。

（2）目标管理倾向聚焦于短期目标，即能在每年年底加以测量的目标。结果，员工们可能会试图达到短期目标而牺牲长期目标。例如，一个开发部的经理，由于要完成今年新产品开发的目标，可能会完全启用老员工而忽视新员工，这种行为会损害产品研发的未来前景（长期目标的完成）。

（3）绩效标准因员工不同而不同，因此，目标管理没有为相互比较提供共同的基础。例如，为一位"中等"的员工所设置的目标可能比那些"高等"员工所设置的目标挑战性小，两者如何比较呢？因为有这个问题，所以，目标管理作为一种决策工具其有用性就受到了限制。

（4）目标管理经常不能被使用者接纳。经理不喜欢目标管理所要求的大量书面工作，另外，他们也许会担心员工参加目标设定而夺取了他们的职权，这样想的经理，就不会恰当地遵循目标管理程序。而且，员工通常不喜欢目标带来的绩效压力和由此产生的紧张感。

✓ 平衡计分卡

企业经营不单单是为了利润。辛辛苦苦工作一年，除企业资产、收入、利润、收益率数字有了一些变化，还创造了更多的价值。这些价值也是企业发展所必需的。然而，在现行管理体系中，或者在多数人的习惯观念中，评价企业绩效的仍然是那些财务数据。

另外，传统的单一财务评价体系偏重有形资产的评估和管理，对无形资产和智力资产的评估与管理显得无力，这导致传统的单一财务评价体系已难以适应信息时代下快速变化的、不确定性和风险性日益增加的竞争环境。信息时代提高了无形资产管理对企业未来价值创造的地位与作用，因而对企业经营业绩的反映，不应仅仅体现在有形资产的管理及其管理的财务结果方面，还应包括企业无形资产的管理等多方面的内容。所以，在原有利用单一财务评价体系的同时，越来越多的呼声要求重视和利用非财务指标进行经营绩效评价。

你是否希望有这样一个绩效评估体系，它能够：

（1）全面反映企业各个部门，包括营销部门的工作对企业绩效的整体影响。

（2）精确反映营销活动的绩效。

（3）反映各个部门之间的相互影响。

（4）使企业主管对企业的运营状况一目了然。

正是因为这样一些原因，西方很多学者以及实务界兴起了对平衡财务与非财务指标的综合绩效评估方法的研究，其中较有代表性的是由卡普兰和诺顿共同开发的名为"平衡计分卡"的绩效评估方法。他们通过对绩效方面处于领先地位的12家公司进行了为期一年的研究之后，推出了一套综合平衡指标和非财务指标的评价体系——BSC（Balanced Score Card），我们将之译为"平衡计分卡"。该方法从4个角度关注企业绩效：顾客角度、内部业务运作角度、创新与学习角度、财务角度。这种新的绩效测评体系使高级经理们可以快速而全面地考察企业。平衡计分测评法从4个重要方面反映企业，为4个基本问题提供了答案：

（1）顾客如何看我们？（顾客角度）

（2）我们必须擅长什么？（内部角度）

（3）我们能否继续提高并创造价值？（创新与学习角度）

（4）我们怎样满足股东？（财务角度）

1. 顾客角度：客户如何看待我们

平衡计分卡要求指标应能反映真正与客户有关的各种因素。

客户所关心的事情不外乎有 4 类：时间、质量、性能和服务、成本。

（1）时间。间隔期可以衡量企业满足顾客需要所需的时间。对现成品来说，间隔期是指从企业收到订单时开始，到企业实际向顾客支付产品或服务时为止。对新产品来说，间隔期代表了产品上市时间，亦即一种新产品从产品定义到开始装运所需时间。

（2）质量。质量还可以衡量按时交货的水平，即企业对交货期预测的准确程度。

（3）性能和服务。性能和服务可以衡量企业的产品或服务在为顾客提供价值方面能起什么作用。

（4）成本。顾客在与供应商打交道时，把价格只看作他们担负的成本中的一部分，其他是由供应商担负的成本。为了使平衡计分卡真正发挥作用，企业应明确时间、质量、性能和服务、成本应达到的目标，然后将这些目标转换成具体的测评指标。

2. 内部业务运作角度：我们必须擅长什么

以客户为基础的考核指标固然重要，但它们必须成为企业内部的运作目标才能实现顾客预期的考核指标。毕竟，优异的客户绩效来自组织中所发生的程序、决策和行为。内部业务运作指的就是企业能满足客户需要的关键内部经营活动。

平衡计分卡的内部测量指标，应来自对客户有最大影响的业务程序，包括周期、质量、员工技能和生产率的各种因素。

企业还应努力确定和测量自己的核心能力，即为保持持久的市场领先地位所需的关键技术。

3. 创新与学习角度：我们能否继续提高并创造价值

平衡计分卡中，以客户为基础的考核指标和内部业务程序考核指标确定了企业认为是竞争取胜的最重要的参数。不过，成功的指标是在不断改进现有的产品和程序，以便有巨大的潜力引入新产品。

企业创新、提高和学习的能力，是与企业的绩效直接相关联的。也就是说，只有通过持续不断的开发新品、为顾客提供更多价值并提高经营效率，企业才能打入新市场，增加收入和毛利，才能发展壮大，从而增加股东价值。

4. 财务角度：我们怎样满足股东

作为市场主体，企业必须以赢利作为生存和发展的基础。企业各个方面的改善只是实现目标的手段，而不是目标本身。企业所有的改善最终都应该归于财务目标的达成。平衡计分法将财务方面作为所有目标评价的焦点。如果说每项评价方法是综合绩效评价制度这条纽带的一部分，那么因果链条上的结果还是归于"提高财务绩效"。

平衡计分卡把战略置于中心地位。它根据公司的总体战略目标，将之分解为不同的目标，并为之设立具体的绩效评估指标，还通过将员工报酬与测评指标联系起来的办法促使员工采取一切必要的行动去达到这些目标。这就使得公司把长期战略目标和短期行动有机地联系起来，同时它还有助于使公司各个单位的战略与整个管理体系相吻合。因此可以这样说，平衡计分卡不仅仅是一种测评体系，还是一种有利于企业取得突破性竞争业绩的战略管理工具，可以进一步作为公司新的战略管理体系的基石。

虽然平衡计分卡从财务、客户、内部流程及创新与学习这4个相对独立的角度系统地对企业的经营绩效进行评估，但从这4个角度出发设计的各项评估指标彼此间并不是毫无关系的，而是在逻辑上紧密相承的。在平衡记分卡的设计思想中，企业从学习与发展的角度出发，提高员工从业能力，促使企业在学习中不断成长，通过优化企业运作的内部流程，关注客户需求并不断满足客户需求，开拓并巩固企业的市场，最终完成既定的财务目标。相对应的，平衡计分卡的各项评估指标也遵循这一基本的思路。企业通过对员工的培训，为客户提供优质的售后服务，使得客户满意度提高，并最终实现销售收入的增长，可见这4项绩效评估指标在内在逻辑上也是紧密相承的。

下面是一个典型的构建平衡计分卡的步骤：

（1）准备。企业应首先明确界定适于建立平衡计分卡的业务单位。一般来说，有自己的顾客、销售渠道、生产设施和财务绩效评估指标的业务单位，适于建立平衡计分卡。

（2）首轮访谈。业务单位的多名高级经理（通常是6～12位）会收到关于平衡计分卡的背景材料，以及描述公司的愿景、使命和战略的内部文件。平衡计分卡的推进者（外部的顾问或者公司中组织这一行动的经理）对每位高级经理进行访谈，以掌握他们对公司战略目标的了解情况。

（3）首轮经理讨论会。高级经理团队与推进者一起设计平衡计分卡。在这一过程中，小组讨论提出对公司使命和战略的各种意见，最终应达成一致。在确定了关键的成功因素后，由小组制定初步的平衡计分卡，其中应包括对战略目标的绩效评估指标。

（4）第二轮访谈。推进者对经理讨论会得出的结果进行考察、巩固和证明，并就这一暂定的平衡计分卡与每位高级经理举行会谈。

（5）第二轮经理讨论会。高层管理人员和其直接下属，以及为数众多的中层经理集中到一起，对企业的愿景、战略陈述和暂定的平衡计分卡进行讨论，并开始构思实施计划。

（6）第三轮经理讨论会。高级经理人员聚会，就前两次讨论会所制订的愿景、目标和评估方法达成最终的一致意见，为平衡计分卡中的每一指标确定弹性目标，并确认实现这些目标的初步行动方案。

（7）实施。由一个新组建的团队为平衡计分卡设计出实施计划，包括在评估指标与数据库和信息系统之间建立联系、在整个组织内宣传平衡计分卡，以及为分散经营的各单位开发出二级指标。

（8）定期考查。每季或每月应准备一份关于平衡计分卡评估指标的信息蓝皮书，以供最高管理层进行考查，并与分散经营的各分部和部门进行讨论。在每年的战略规划、目标设定和资源分配程序中，都应包括重新检查平衡计分卡指标。

✓ 关键绩效指标的绩效考核法

1. 关键绩效指标的含义

关键绩效指标（KPl）是基于企业经营管理绩效的系统考核评估体系。作为一种绩效评估体系设计的基础，我们可以从以下3个方面深入理解关键绩效指标的具体含义：

（1）关键绩效指标是用于考核和管理被评估者绩效的可量化的或可行为化的标准体系。也就是说，关键绩效指标是一个标准化的体系，它必须是可量化的，如果难以量化，那么也必须是可执行的。如果可量化和可执行这两个特征都无法满足，那么就不是符合要求的关键绩效指标。

（2）关键绩效指标体现为对组织战略目标有增值作用的绩效指标。这就是说，关键绩效指标是连接个体绩效与组织战略目标的一个桥梁。既然关键绩效指标是针对组织战略目标起到增值作用的工作产出而设定的指标，那么基于关键绩效指标对绩效进行管理，就可以保证真正对组织有贡献的行为受到鼓励。

（3）通过在关键绩效指标上达成的承诺，员工与管理人员就可以进行工作期望、工作表现和未来发展等方面的沟通。关键绩效指标是进行绩效沟通的基石，是组织中关于绩效沟通的共同辞典。有了这部辞典，管理人员和员工在沟通时就可以有共同的语言了。

2. 关键绩效指标的构成

（1）企业关键绩效指标。它是由企业的憧憬、价值观、使命和战略目标决定的，不同的企业有不同的关键绩效指标。

（2）部门关键绩效指标。它是根据企业关键绩效指标和部门职责来确定的。

3. 关键绩效指标的设计思路

（1）明确企业的战略目标，并在企业会议上利用头脑风暴法和鱼骨分析法找出企业的业务重点，也就是企业的价值考核的重点。然后，再用头脑风暴法找出这些关键业务领域的关键业绩指标（KPI），即企业级KPI。

（2）各部门的主管需要依据企业级KPI建立部门级KPI，并对相应部门的KPI进行分解，确定相关的要素目标，分析绩效驱动因素（技术、组织、人），确定实现目标的工作流程，分解出各部门级的KPI，以便确定考核指标体系。

（3）各部门的主管和部门的KPI人员一起再将部门级KPI进一步细分，分解为更细的KPI及各职位的业绩衡量指标，这些业绩衡量指标就是员工考核的要素和依据。这样，管理者给下属订立工作目标的依据来自部门的KPI，部门的KPI来自上级部门的 KPI，上级部门的 KPI 来自企业级 KPI。这一 KPI 体系的建立和测评过程，本身就是统一全体员工朝着企业战略目标努力的过程，也必将对各部门管理者的绩效管理工作起到很大的促进作用。

（4）指标体系确立之后，还需要设定考核标准。一般来说，指标指的是从哪些方面衡量或考核工作，解决"考核什么"的问题；而标准指的是在各个指标分别应该达到什么样的水平，解决"被考核者怎样做，做多少"的问题。

（5）必须对关键绩效指标进行审核。比如，审核这样一些问题：多个考核者对同一个绩效指标进行考核，结果是否能取得一致；这些指标的总和是否可以解释被考核者 80% 以上的工作目标；跟踪和监控这些关键绩效指标是否可以操作；等等。审核主要是为了确保这些关键绩效指标能够全面、客观地反映被考核对象的绩效，而且易于操作。

4. 关键绩效指标的设计程序

第一步，明确企业的目标。

因为关键业绩指标是与企业目标的实现关系紧密的那些工作内容，因此在确定员工的关键业绩指标时，首先要明确企业在当前一个阶段内的经营目标是什么。只有明确了企业的目标，才能逐步分解落实个人的关键工作内容。企业的目标不同，个人的关键业绩指标也应不同。

例如，有两家公司，甲公司是刚刚成立的，它近期的目标就是要扩大市场占有率，提高产品知名度，对于其他方面暂时可以搁置。而乙公司成立的时间则比较长，它的目标和甲公司就不同，是要提高销售质量，维持良好的客户关系。因为两个公司的目标不同，所以它们的销售部经理的关键业绩指标也是不同的。甲公司销售部经理的关键业绩指标应该是：市场占有率、销售额、产品知名度；乙公司销售部经理的关键业绩指标应该是：销售额、销售费用、货款回收率、客户满意度。

第二步，确定个人的关键工作内容。

在明确了企业的目标之后，就要把这一目标进行分析，并逐步落实到员工个人，从而确定出个人的关键工作内容。

在分解确定个人的工作内容时，应当遵循客户导向的原则。这里所指的客户，不仅指企业的外部客户，还包括所谓的内部客户。例如，财务部的出纳要按照采购部的要求划拨采购资金，那么采购部就是该出纳的内部客户。再比如，总经办的秘书要为总经理提供秘书服务，那么总经理就成为该秘书的内部客户。

一般来说，我们是借助客户关系图来表示员工对企业内、外部客户所承担的工作内容。通过客户关系图，我们可以看出一个员工为哪些客户提供了服务和产出以及对每个客户提供的服务和产出是什么。

第三步，建立考核指标。

在确定了主要的工作内容后，接下来就要确定应该从什么角度去评价这些工作内容，也就是要确定的指标。

第四步，制定关键绩效的具体标准。

在确定了关键绩效指标后，需要制定相应的标准。一般来说，指标指的是从哪些方面对工作产出进行衡量或评估，而标准指的是在各个指标上分别应该达到什么样的水平。另外，在确定关键绩效的具体标准时，最好采取全员参与的方式，让每一位员工都投入到标准的制定工作中。这样，一来使员工对关键绩效标准有更好的理解，二来可以提高员工的工作积极性。

采取全员参与的方式，使关键绩效的标准为每一位员工所认识、熟知和理解，从而更好地达到评估的目的。因此，让员工事先清楚地了解关键绩效的标准十分重要。

第五步，定期进行关键绩效评估。

制定了关键绩效指标和标准后，定期的评估当然是最重要的。在评估过程中，要注意识别被评估者的工作业绩这一点，通过有关记录的数据和事实等正确有效地识别员工的工作产出，然后对照关键绩效标准进行评估。另外，评估的时间和频数也是需要严格把握的。一般来说，每年评估 1 ~ 2 次为宜。

第六步，及时反馈关键绩效评估的结果。

最后，及时反馈评估的结果是评估工作得以起作用的关键。因为绩效评估不光在于评估员工的工作业绩，借此为加薪、升职提供依据，从而达到激励员工的目的。更重要的是，绩效评估的目的之一在于改进业绩，如果没有及时的反馈，那么关键绩效评估也就流于形式了。

许多企业的运作效果不好，究其原因，往往是没有有效的绩效评估，尤其是没有关键绩效评估。关键绩效评估的最大优点是企业花较少的代价获取较大的收获。

✓ 以业绩报告为基础的绩效考核

1. 报告考核法（自评）

报告考核法是利用书面的形式对自己的工作进行总结及评价的一种方法。这种方法多适用于管理人员的自我评估，并且测评的人数不宜太多。自我评估是自己对自己一段工作结果的总结，让被考核者主动地对自己的表现加以反省、评估，为自己的绩效作出评价。

报告考核法通常让被评估人填写一份员工自我鉴定表，对照岗位要求，回顾一定时期内的工作状况，列出将来打算，并举出在这段时间内 1 ~ 3 件重大贡献及 1 ~ 3 件失败的事，给出相应的原因，对不足之处提出有待改进的建议。报告考核法一般每年在年终进行，要求大家集中在一起，预先不清楚集中的目的，且要求没有助手参加，自己独立完成总结。

2. 业绩评定表法

业绩评定表法是一种被广泛采用的考核方法，它根据所限定的因素对员工进行考核。采用这种方法，主要是在一个等级表上对业绩的判断进行记录。这个等级被分成几类（通常是一个 5 级或 7 级的量表），它常常采用诸如优秀、一般和较差这些形容词来定义。当给出了全部等级时，这种方法通常可以使用一种以上的业绩考核标准。业绩评定表受到欢迎的原因之一就是它的简单、迅速。

考核所选择的因素有两种典型类型：与工作有关的因素和与个人特征相关的因素。要注意到与工作有关的因素是工作质量和工作数量，而涉及个人因素的有诸如依赖性、积极性、适应能力和合作精神等特征。考核者通过指明最能描述出员工及其业绩的每种因素的比重来完成这项工作。

有些公司为评价人对认定的每一因素作出评价，提供了一定灵活运用的空间。当评价者作出最高或最低的评价时，应注明理由，即使是被要求这样做，这种做法也会受到鼓励。例如，如果对一名员工的积极性评价为不满意，则评价者需提供这种较低评价结论的书面意见。这种要求书面的目的在于，避免出现武断或草率的判断。

为了得到一个对工作质量的较优秀评价，一个人必须不断地超额完成其工作要求。对各种因素和等级定义得越精确，评价者就会越完善地考评员工的业绩。当每个评价者对每个因素和等级都按同样的方法解释时，则会取得整个组织评价上的一致性。

许多绩效考核的业绩评定表还提供了对员工成长潜力的评价。考核的结果从当前工作的最好或接近最好的业绩一直排列下去，没有明显的界限。虽然在对过去业绩或将来潜力同时作出评价方面有些欠缺，但这种做法还是经常被采用。

✓ 绩效考核常见问题

绩效考核不是简单地对员工的行为表现作出裁定，它还存在以下 5 个问题：

第一，很多时候现有员工的素质和形象会影响到考核标准的制定，每个评定人看待问题的角度与价值观不同，评定标准也必然不同。这就会使标准不可能面面俱到，最终造成制定的标准本身就不公平。

第二，对于企业来说最重要的不是领导，而是把过程做到位，但是绩效考核是员工心理的重要导向，考评指标使员工把注意力集中在指标的完成上，集中于考核结果和领导要求，而不是关注工作本身。这样就容易造成员工为领导而工作的局面，最终使得有些员工置过程于不顾，单单追求考核的结果。

第三，俗话说："没有功劳有苦劳，没有苦劳有疲劳。"追逐绩效，至少没有效果还有成绩，所以绩效考核容易造成目标分散，使员工不顾效果。有些员工表面很会装，整天把自己弄得忙忙碌碌，但没有效果的忙碌对企业又有什么用呢？

第四，在绩效考核中可能会出现的弊病是名额指标的限制。试想如果一个人在企业中工作，由于名额的限制没有进步的希望，他会努力吗？

第五，绩效考核最致命的缺点就是，绩效考核的标准如果与市场标准不一致，会造成对员工工作行为的误导。

针对绩效考核的种种弊病，企业管理者必须做到完善绩效管理体系，建立科学合理的绩效考评办法。首先，要加大绩效管理的力度，不断优化绩效计划书和绩效考核评分卡，修改、淘汰难以考核、形同虚设的指标，尽量设立和工作职责密切相连、易于考评、可以衡量的指标；其次，要力争公平公正、科学合理地进行考核；再次，要统一部门绩效考核模式，将定量考核和定性考核有机结合起来，使考核工作既具有原则性和科学性，又切实可行，便于操作；最后，要从整体战略的眼光来构筑整个人力资源管理的大厦，让绩效考核与人力资源管理的其他培训开发、管理沟通、岗位轮换晋升等环节，相互连接、相互促进。

第四章

绩效考核的规范化管理制度

✔ 绩效评估的标准

绩效评估是每位员工日后升迁和发展的重要依据，对员工进行绩效考核有助于管理者掌握员工的工作绩效，激励员工的工作热情，提高工作效率。进行绩效评估时，管理者要力求做到客观和公正。

对员工进行绩效评估，首先要有一个评估的标准。评估标准是各个职位的业务和工作要求达到的基本标准，包括数量和质量两个方面的要求。所谓数量，就是员工应该做什么，其任务、职责、工作要点是什么；所谓质量，就是员工对自己的工作应做到什么程度，应该怎样做，达到什么标准。

1. 员工绩效评估的标准

一般而言，员工绩效评估的标准包括绝对标准、相对标准和客观标准 3 种。

（1）绝对标准。

所谓绝对标准，就是先建立员工工作的行为特质标准，然后将达到该项标准列入评估范围内，而不在员工相互间作比较。以固定标准衡量员工，而不是与其他员工的表现作比较，是绝对标准的评估重点。

（2）相对标准。

相对标准就是以相互比较来评定个人工作的好坏。将被评估者按某种标准作顺序排名，或将被评估者归入先前决定的等级内，再加以排名。

（3）客观标准。

客观标准就是评估者在判断员工所具有的特质以及执行工作的绩效时，对每项特质或绩效表现，在评定量表上每一点的相对基准上予以定位，以帮助评估者作评价。

2.对标准的规范

要使员工绩效评估标准有效，必须符合下述各项条件：

（1）具有挑战性且具有达成可行性。

在制定员工绩效评估标准时，应使其略高于员工的能力，具有挑战性。对于这些绩效标准，一方面可以配合营业竞赛激励员工达成；另一方面可激发员工的潜力增加绩效。但这些员工绩效评估标准又必须具有达成的可行性，必须是员工的能力所能达成的，因为达不到的标准除了没有意义外，还会削弱员工的士气，产生负面效果。

（2）经过管理者及执行者双方同意。

制定员工绩效标准时，必须经过高级管理者、绩效审核者、部门主管的共同调整，没有经过双方同意的绩效标准会影响它的效果。因为由营业部门所提议的绩效标准不一定能顾及整体的需求，而高级主管的意见则容易忽略执行细节与实施的困难，所以一定要综合双方的意见，在实施过程中不断完善与充实，寻求兼顾双方的平衡点。

（3）具体性和可衡量性。

绩效标准必须明确具体，必须能加以数量化。无法数量化的标准在审核时，会引起不必要的困扰及争端。具体且可衡量的绩效标准可以避免因个人意见或以经验来衡量而引起的主观性，还可避免因为不容易计算而使员工产生不满或困扰的情绪。

（4）时间性。

员工绩效评估有一个周期，这就要求绩效标准应该附带明确的记录期间，以便提供评估审核。例如，对员工以每个月的销售额作为绩效评估的标准，一方面可以与以前同时期的数字进行比较，另一方面也可以对未来的同时期数字进行预估和调整。

（5）可调整性。

绩效标准必须能随着门店内外经营环境的变化而进行适当的调整。例如，针对门店经营面的扩展，原有的绩效标准必须能配合门店经营面的特性有所调整，绝不能采用不能调整的绩效标准。

（6）简单易懂性。

绩效评估为薪酬管理提供依据，在牵涉到具体的薪酬时，则必须有一个人人可计算的公式，以减少因为计算困难所产生的纠纷。

（7）持续可比性。

绩效标准必须要能对下一次的评估有对比的效果，这样才有意义。如果没有持续比较的功能，只能适用于专案类的特殊事件，并不适合一般的营运绩效标准。

✓ 绩效评估的程序

企业进行绩效评估，其基本程序可以分为 3 个阶段，即准备阶段、评估阶段和整改阶段。

1. 准备阶段

企业在评估前必须做好充分的准备工作，以保证绩效评估的科学性，取得较好的评估效果。准备阶段的主要任务有 3 项，即设计评估标准、建立评估组织和准备各类资料。

（1）设计评估标准。

评估标准是进行绩效评估的准则。一般来说，绩效评估的标准即以前制订的各类目标，通过把实际工作情况同各自的目标相比，从而发现问题所在。但仅此还不够，因为有些目标在确定时可能是正确的，但随着环境变化，这些目标可能已失去先进性或显得过高；有些目标在当时可能就不那么正确，因而必须重新确定标准，以保证在此基础上进行的评估更能符合企业的实际情况。

（2）建立评估组织。

建立评估组织是进行绩效评估的人员准备。为了保证绩效评估的高质量，评估组织应由各部门的各类人员参加。这一方面是因为每个人对自己分管的那部分工作比较熟悉，容易发现别人不易发现的问题；另一方面可以保证企业运行过程中的所有方面都毫无遗漏地得到科学评价。参加评估组织的人员不仅要部门全，而且要精干，每个人都必须有扎实的理论基础和丰富的实践经验，基本上都能独当一面。另外，企业最好聘请部分外部专家参与评估工作，以保证评估的客观性。

（3）准备各类资料。

准备资料是进行绩效评估的关键内容，没有资料，评估就无法进行。评估所需要的资料包括纵向资料和横向资料。纵向资料是指企业或行业的相关历史资料，横向资料是指有关竞争对手的资料。所准备的资料既要全面准确，又要有可比性，以便能通过这些资料正确评估企业在运行过程中的成绩与不足。

2. 评估阶段

评估阶段是根据评估标准的要求，对评估的内容逐项进行评价的过程。在此过程中，通常把每一方面的内容列出许多项目，根据好、中、差的情况由高到低分别打分，然后把各个项目的总分加起来，就可以看出企业在某一方面工作的情况。分数等级和档次可根据各自的具体情况划分。对于非量化的问题，主要从性质上评估，并且要充分认识到这些问题的重要性。

在评估的过程中，一些容易忽略的问题要特别注意。这些问题通常被一些好的表象所掩盖，从表面上看干得不错，但它的背后却潜伏着危机。例如，当本企业的产品价高利大时，内部管理差一些仍会有相当可观的赢利，但随着竞争的加剧、价格的降低，这些问题很快就会显露出来，给企业造成巨大的损失。因此，发现那些被成绩掩盖着的问题将更困难，也更重要。

评估工作结束以后，要根据评估人员对企业有关情况的调查，进行分析判断，写出评估报告书。评估报告书一般包括评估的概况、企业的现状、取得的成绩、存在的问题和改进方案等几个方面的内容。评估报告书要求主题明确，结构严谨，分析透彻，逻辑性强，评估客观，有理有据。对取得的成绩要给予肯定，对存在的问题要直言不讳。

3. 整改阶段

整改是绩效评估的最后阶段，也是评估的目的。企业在运行中总会存在这样那样的问题，企业要通过评估，找出问题，及时解决，以取得更大的成绩。整改就是实施改善方案的过程。在整改过程中，市场环境的变化会引起方案的不适应，在这种情况下，要对方案作必要的补充和调整，以适应变化了的市场环境。

✔ 员工绩效评估的内容

员工绩效评估是指对员工的工作状况和结果，以及担任更高一级职务的潜力进行有组织的并且是尽可能客观的考核和评价的过程，简称评估。

管理者在对员工进行绩效评估时，不仅能将员工绩效评估本身当作目的，而且能将其作为一种手段。它的内涵和外延随经营管理的需要而变化。从内涵上来说，员工绩效评估有两层含义：一是考核员工在现任职位上的业绩；二是考核员工的素质和能力，即员工在组织中的相对价值或贡献程度。有目的、有组织地对日常工作中的人员进行观察、记录、分析则属于员工外延的范畴，作为以事实为基础的客观评价的依据。

对员工的绩效评估有正式和非正式两种。正式评估有明确的目的和周密的计划，有一套完整的体系和程序；非正式评估则事先无系统计划，只是上级对员工的口头式的赞扬与鼓励。这里所指的员工绩效评估，是指正式的员工绩效评估。

由于员工绩效评估的目的和范围复杂多样，因此评估的内容也比较复杂，但就其基本方面而言，主要包括德、能、勤、个性、绩5个方面的内容。

1. 德

德，主要指员工的思想观念、工作作风、社会道德和职业道德水平。任何企业对德的考核始终是人力资源考核中的首要内容。

企业不仅在选拔应聘者时要包括德的内容，在日常人力资源考核活动中，也绝不能忽视。在日常工作中，员工"德"的各项具体表现，都应成为被评估的内容。例如，是否尊重别人，善于与人合作；是否尊重科学，知错必改；是否遵纪守法，维护公共利益；是否能保守商业秘密；等等。

2. 能

能包括体能、学识和智能、技能等内容，是指员工从事工作的能力。体能取决于年龄、性别和健康状况等因素，学识包括文化水平、专业知识水平、工作经验等项目，智能包括记忆、分析、综合、判断、创新等能力，技能包括操作、表达、协调等能力。

体能、学识、智能和技能是 4 个相互联系又有区别的能力因素。体能和学识是基础，一个人若没有足够的精神和体力，就难以承担重任；人的学识为智能和技能的运用奠定坚实的基础，智能和技能则是把体能、学识转化为现实生产力的关键。在员工绩效评估中，应全面考虑能力的各个方面，将能力当作绩效评估的重点和难点。

3. 勤

这里所说的"勤"是指一种工作态度，它主要体现在员工日常工作表现上，如工作的积极性、主动性、创造性、努力程度以及出勤率等方面。对勤的评估不仅要有量的衡量（如出勤率），更要有质的评价（如是否以满腔的热情，积极、主动地投入工作，在工作中是否充分调动起体力和智力等各方面的因素）。

4. 个性

个性主要表现为员工的性格、兴趣、爱好等。为了合理安排员工的工作岗位，考查员工的性格、气质、兴趣和习惯等心理特性是必不可少的。个体在心理特性上所表现出来的差异性，往往会导致不同的工作效果。在组建一个团队小组时，最好既安排性格内向的，也安排性格外向的；既安排多血质、胆汁质气质类型的，也安排黏液质、抑郁质气质类型的。从心理学角度讲，这种安排可以使小组各成员相互吸引、相互和谐地配合。比如，性格活泼、善于与人打交道的人，适合干销售工作；而喜静、沉稳的人，则适合干门店理货工作。

5.绩

绩，就是我们所称的绩效，指员工的工作效率及效果。绩效主要包括员工完成工作的数量、质量、成本费用以及为组织作出的其他贡献。绩效是企业对员工的最终期望，是以上4个内容的客观表现，是员工绩效评估最重要的组成部分。

✓ 制定考评制度

人力资源部门在完成选取考评内容、制定考评标准、选择考评方法及其他一些相关工作之后，就可以将这些工作成果汇总在一起，制定企业的绩效考评制度，该制度是企业人力资源开发管理关于绩效考评的政策文件。有了绩效考评制度，就代表着企业的绩效考评体系已经建立。

绩效考评制度应该包括考评的目的和用途、考评的原则、考评的一般程序等方面内容。

1. 考评的目的和用途

（1）考评的最终目的是改善员工的工作表现。

（2）考评的结果主要用于工作反馈、报酬管理、职务调整和工作改进。

2. 考评的原则

（1）一致性：在一段连续时间之内，考评的内容和标准不能有大的变化，至少应保持一年之内考评的方法具有一致性；

（2）客观性：考评要客观地反映员工的实际情况，避免由于光环效应、偏见等带来的误差；

（3）公平性：对于同一职位的员工使用相同的考评标准；

（4）公开性：员工要知道自己的详细考评结果。

3. 考评的内容和分值

（1）考核的内容分以下 3 部分：

重要任务：本季度内完成的重要工作，考评的工作不超过 3 个，由任务布置者进行考评；

职位工作：职位职责中描述的工作内容，由直接上级进行考评；

工作态度：指员工工作中的协作精神、积极态度等。由部门内部同事或被服务者进行考评。

（2）分值计算。

原则上，总分满分 180 分，重要任务满分 90 分，职位工作、工作态度分别为 45 分。对于没有"重要任务"项的职位，原则上其他两项的分数乘以 200% 为总分。

4. 考评的一般程序

（1）员工的直接上级为该员工的考评负责人，具体执行考评程序；

（2）员工对"职位工作"和"工作态度"部分进行自评，自评不计入总分；

（3）直接上级一般为该员工的考评负责人；

（4）考评结束时，考评负责人必须与该员工单独进行考评沟通；

（5）具体考评步骤在各职位的考评实施细则中具体规定。

5. 保密

（1）考评结果只对考评负责人、被考评人、人事负责人、（副）总经理公开；

（2）考评结果及考评文件交由人力资源部存档；

（3）任何人不得将考评结果告诉无关人员。

6. 其他事项

（1）公司的绩效考评工作由人力资源部统一负责；

（2）考评每季度进行一次，原则上在 3 月、6 月、9 月、12 月下旬进行；

（3）考评负责人在第一次开展考评工作前要参加考评培训（由人力资源部组织）；

（4）各岗位的考评实施细则在本制度基础上由人力资源部、

考评负责人及被考评人共同制定。

7. 本制度自颁布之日起实行

8. 本制度由人力资源部负责解释

✓ 选择绩效考评者

绩效考评者包括 5 类人，即直接上级、同级同事、被考评者自身、所管理的下级以及外界的人事考评专家或顾问。

合格的绩效考评者应当满足的条件是：了解被考评者职务的性质、工作内容、要求及考绩标准与公司有关政策；熟悉被考评者本人的工作表现，尤其是本考评周期内的，最好有直接的近距离密切观察其工作的机会；当然，此人应当公正客观，不具偏见。

1. 直接上级

直接上级非常符合上述条件中的头两条。授权他们来考评，也是企业组织的期望。他们握有奖惩权利，无此权利的考评便失去了权威。但他们在第三个条件即公正性上有所欠缺，因为频繁的日常直接接触，易使考评掺入个人感情色彩。所以有的企业用一组同类部门的干部共同考评彼此的下级，只有都同意的判断才作为结论。

2. 同级同事

同级同事对被考评者的职务最熟悉、最内行，对被评同事的情况往往也很了解。但同事之间必须关系融洽，相互信任，团结一致；相互间有一定交往与协作，而不是各自为战的独立作业。这种办法多用于专业性组织，如大学、医院、科研单位等，企业专业性很强的部门也可使用；再则是用于考评很难由别人考评的人员，如中层干部。

3. 被考评者自身

这就是常说的自我鉴定。这可使被考评者得以陈述对自身绩效的看法，而他们也的确是最了解自己所作所为的人。自我考评能令被评者感到满意，抵制情绪少，且有利于工作的改进。不过在自评时，本人对考评维度及其权重的理解可能与上级不一致，常见的是自我考评的评语优于上级的评语。

4. 直属下级给上级考评

有相当一些人不太主张用此法。这是因为下级若提了上级缺点，怕被记恨而报复，所以只报喜不报忧；下级还易于仅从上级是否照顾自己个人利益判断其好坏，对坚持原则、严格要求而维护企业利益的上级评价不良。对上级来说，常顾虑这种方法会削弱自己的威信与奖惩权；而且知道自己的考评要由下级来做，便可能在管理中畏手畏脚，投鼠忌器，充老好人，尽量少得罪下级，使管理工作受损。

5. 外界考评专家或顾问

这些人有考评方面的专门技术与经验，理论修养也深，而且，他们在公司中无个人利害瓜葛，较易做到公允。

他们被请来，是会得到本应担任考评者的干部们的欢迎的，因为可以省去自己本需花费的考评时间，还可免去不少人际矛盾。被考评的下级也欢迎，因为专家不涉及个人恩怨，比较客观公正。公司也欢迎，因为专家们内行，在各部门所用的考评方法与标准是一致的，具有可比性，而且较为合理。只是成本较高，而且他们对被考评专业可能不熟悉。

✓ 绩效考评的信度与效度

考评要求准确而全面，这就对它的信度与效度提出了要求。

所谓信度，是指考评的一致性（不因所用考评方法及考评者的改变而导致不同结果）和稳定性（不长的时间内重复考评所得结果应相同）。影响考评可信度的因素既有情景性的（如考评时机、对比效应等），也有个人性的（考评者的情绪、疲劳程度、健康等），还有绩效定义与考评方法方面的因素（如忽略了某些重要考评维度、各考评者对所考评维度的意义及权重有不同认识、考评方法自身也可能造成差异等）。为了提高可信度，应在考评中对同一维度采用多种方法与角度，或请一个以上的考评者进行多次测评，并应使考评程序与格式尽量标准化。对考评者进行统一的培训，也有助于可信度的改善。

效度则是指考评所获信息与待测评的真正工作绩效间的相

关程度。效度差是无关信息被纳入，有关信息却被忽略了，从而出现文不对题与答非所问的弊端。例如考评设计工程师的工作绩效时，测定他在每个月内完成各类图纸的数量多少，就比检查他借阅资料室文献按期归还状况效度高。为了保证考评的高效度，便应选用和设计适当的考评方法，并着重考评具体的、可量化测定的指标，不流于泛泛的一般性评价。所以，培训考评者也很重要。

影响考评的因素，归纳起来共有以下 4 个方面：

1. 考评者的判断

他们的个人特点，如个性（是否怕伤害别人感情等）、态度（是否视考评为不必要的累赘）、智力（对考评标准、内容与方法的理解与掌握会因之不同）、价值观（如性别、年龄歧视等）和情绪与心境（高昂愉快时考评偏宽，低沉抑郁时偏严）等常对考评有影响。

2. 与被考评者的关系

除考评者与被考评者之间关系的亲疏、过去的恩怨之外，对被考评者的工作情况及其职务特点与要求的了解程度，也对考评结果颇有影响。

3. 考评标准与方法

考评维度选择的恰当性，是否相关和全面，定义是抽象含混还是具体明确，是否传达给被考评者知道，对考评都有影响。

4. 组织条件

企业领导对考评工作的重视与支持；考评制度的正规性与严肃性；对各级主管干部是否进行过考评教育与培训；考评结果是认真分析并用于人事决策，还是考评完便锁进档案文件柜，使考评流于形式；考评是否发扬了民主，让被评者高度参与；所有的考评标准与方法是长期僵守，还是随形势发展而修正、增删与调整等，对考评结果影响很大。

✓ 绩效考评结果分析

1. 绩效考评结果的分析

绩效考评结果的分析是指通过对考评实施所获得的数据进行汇总、分类，利用概率论、数理统计等方法进行加工、整理，以得出考评结果的过程。

（1）考评数据的汇总、分类。

考评数据的汇总与分类就是将收集上来的不同考评人员对同一被考评者的考评表进行汇总，然后根据被考评者的特点，对考评结果进行分类。

（2）确定权重。

权重即加权系数。所谓加权就是强调某一考评指标在整体考评指标中所处的地位和重要程度，或某一考评者在所有考评者中的地位和可信程度，而赋予这一考评指标或者考评者某一特征的过程。特征值通常用数字表示，称为加权系数。加权能够通过确定大小不同的权重，显示各类人员绩效的实际情况，提高考评的信度和效度。

加权系数一般有两种形式：

（1）反映考评指标间彼此重要程度的加权系数。不同的人员其绩效的指标也不相同。如管理人员的绩效可能主要反映在工作过程中，其工作的行为及行为方式最能反映其绩效。相反销售员或一线生产员工，其绩效主要反映在工作成果中，其销售额与生产产品数量最能反映其绩效。因此，只有给予不同的权重（加权系数）才能真实反映员工的绩效。

（2）反映不同考评者之间考评信度的加权系数。如同级考评的结果要比领导考评的结果信度大，领导考评的结果比下级考评的结果信度大。因此，同级考评者考评结果的加权系数要大于领导考评结果的加权系数，领导者考评结果的加权系数要大于下级考评者考评结果的加权系数。

通常确定加权系数的方法有：

（1）经验判断法。

即召集有经验的人员共同讨论，依据他们的工作经验来指派权值的方法。这种方法简便易行，但精确性差。

（2）统计分析法。

即利用数理统计中正态分布的原理，分析各考评层次的离散度而分配权数的方法。离散度小的考评层次相对来说考评信

绩效考核与新酬激励
精细化设计及整体解决方案

度高，赋予的权数相应大些；反之，权数应相对小些。

（3）对比评分法。

即将考评指标中具有可比性的指标进行分类，然后把同类指标一一对比而加以评分的办法。各指标的累积分值与所有指标的总分值的比就是各指标的加权系数。对比评分法有两种：第一种是0～1评分法，即将指标一一对比，重要的得1分，不重要的得0分；第二种是0～4评分法，即将指标一一对比，特别重要的为4分，不重要的为0分，相对重要的为3分，相对次要的为1分，两者同等重要的各为2分。

2. 考评结果的计算

在获得大量考评数据之后，可利用数理统计的方法计算考评结果。一般采用求和、算术平均数等比较简单的数理统计方法。

3. 考评结果的表示方法

考评结果的表示方法通常有以下几种：

（1）数字表示法

数字表示法是结果表示的最基本形式。它是直接利用考评结果的分值对被考评者的绩效情况进行描述的方式。这种方式充分利用了数字具有可比性的特性，且具有规格统一、数据量大等特点，并为实现计算机管理创造了条件。但数字描述不够直观，需要和文字描述相结合使用。

（2）文字表达法

文字表达法是用文字描述的形式反映考评结果的方法。它是建立在数字描述基础上的，有较强的直观性，重点突出，内容集中，具有适当的分析性，充分体现了定性与定量相结合的特点。

（3）图线表示法

图线表示法是通过建立直角坐标系，利用已知数据，描绘出图线来表示考评结果的方式。这种方式具有简便、直观、形象、对比性强的特点，适用于人与人之间、个人与群体之间、群体之间、个人或群体与评定标准之间的对比分析。

第五章

不同职位人员的绩效考核

✓ 销售人员的绩效考核要求

众所周知，企业的销售收入最终要由销售部门（人员）来实现。无论企业经营者如何努力，但如果没有销售人员，产品就销售不出去，就会前功尽弃。销售是企业经营中最后一个环节，也是决定企业经营成败的关键。那么，对销售人员进行绩效考核就是十分必要的。

1. 销售工作对个人特性的要求

销售人员要完成数项任务，需要有多方面的个性特征。

（1）真诚。真诚是营销人员的最基本的素质，缺乏真诚，营销人员就难以取得客户的信任，或者只能暂时骗得客户的信任，最终还是会失信于人。

（2）忠实。是对企业的忠诚感，把自己的营销工作当作对企业的一种责任。以销售之名，行谋取私利之实，如此行为是永远不会成为一名成功的营销人员。

（3）机敏。营销过程中，机遇无所不在，同时变数也很多，所以营销人员必须具备面对复杂的情况，能够迅速作出判断并及时采取对策的能力。

（4）创造力。营销是一种技巧，也是一种艺术，这些技巧和艺术更多来源于个人的独创。

（5）博学。只有虚心好学，处处留心，事事留意，才能具备广博的知识和健全的知识结构。

（6）热情。对本职工作充满热情，坦诚友善，积极乐观。

（7）礼貌。以礼待人，是创造良好的人际关系的基础。无疑，彬彬有礼的营销人员会给客户留下更深刻的印象。

（8）勇气。成功的营销人员能保持必胜的信念，不为困难吓倒，在陷入困境时能保持乐观和自信。

（9）进取心。对自己所取得的成绩永不满足，时刻以高标准激励自己，不陶醉于已取得的成绩。

（10）勤奋。一分耕耘，一分收获。在营销过程中付出比别人更多的努力，就会取得更大回报。

2. 销售人员的态度能力要求

日本研究人员曾对销售人员做实绩追踪研究，发现业务人员业绩的好坏与其态度能力具有极大的相关性。所谓态度能力是指除人类基本思考能力、创造力及技术能力以外的能力。其测评指标如下：

（1）积极性：面临新事物、难题时能够进取性地加以处理。

（2）协调性：为加强团体默契，提高士气，不以自我为中心，能与人合作。

（3）慎重性：有计划地进行工作，思虑深远，态度沉着。

（4）责任感：认识自己在团体中所扮演的角色，表里如一，热诚地完成任务。

（5）自我信赖性：在人群中不胆怯，能保持自信以应付工作。

（6）领导性：能领导别人，影响别人，令人相随，待人不消极，不屈从。

（7）共感性：能体谅他人心情，且在心意上和对方契合。

（8）活跃性：有充沛的体力，积极地、活泼地热衷于工作。

（9）持久性：有持续努力的倾向，不半途而废，有骨气及韧性。

（10）思考性：对事能深思熟虑。

（11）规律性：成熟，能遵循社会规范、职业道德和伦理准则。

（12）感情稳定性：心情豁达，处事冷静，不立即把喜怒哀乐显露于言表。

（13）顺从性：能以谦虚的态度赞扬、接纳优越者、权威者。

（14）自主性：能独立判断，有计划地处理工作。

一般来说，业绩潜力或实力高者14项指标的评价几乎都比潜力低或业绩差的人要强得多，尤其是积极性、自我信赖性、领导性、活跃性及自主性，前者都比后者强得多；另外，协调性、持久性、责任感、思考性、感情稳定性、顺从性，前者也比后者强；只有慎重性及规律性，前者比后者稍弱一点。

3. 销售人员的勤务素质要求

（1）遵守时间，不迟到，不早退。

（2）外出联系业务时，要按规定提出申请，说明拜访单位、目的、外出时间以及联系方法。

（3）外出没有他人监督时，必须严格要求自己，自觉遵守企业的规章制度。

（4）外出时，不能假公济私，公款私用。

（5）外出使用本单位的商品或物品时，必须说明使用目的和使用理由，并办理借用或使用手续。

（6）单位与客户达成的意向或协议，营销人员无权擅自更改，特殊情况的处理必须征得有关部门的同意。

（7）外出时，应节约交通、通信和住宿费用。

4.业务素质要求

（1）普遍的业务素质要求。

企业对营销人员的业务素质考核要求不仅注重"工作的成果"，也讲求"努力的程度"，两者相结合才能进行公平的评估。一般的业绩评估要求重点包括业务的达成度、工作的质量、研究性等。业务素质要求的要素及重点主要有：

①业务达成度：是否以公司的经营方针为准则，依照计划将业务完成，而其成果的质和量均达到要求的水准？

②工作质：业务处理的过程或其成果是否均属正确，而且可以信赖？

③工作量：规定期间的业务处理量或数额是否达成基准或计划内要求的水准？工作的速度或时效的把握情形如何？

④研究性：是否为了执行业务而经常进行有关的调查研究，并将研究成果运用在业务上？

⑤理解判断力：是否正确掌握问题，作适时贴切的判断，以达到目的？

⑥企划计划：是否为了达成目标而从理论及实际两方面作密切的分析和综合考查，并将与业务有关的事项进行有效的计划？

⑦领导统御力：是否为了提高部下的知识水平、技能而作适当训练指导或启发，并与部下沟通以建立互相信赖及协作的关系，从而领导组织，提高效率。

⑧折中力：是否为达成目标而与公司的有关人员进行圆满的沟通协调？

（2）不同性质销售工作的素质要求。

最典型的销售人员按其从事的职务分为以下4类：

①巡回协助推销员：循固定客户路线协助促销，如厂家代表。

②技术性推销员：能提供高级技术专门服务，如计算机、复印机业务代表。

③同业推销员：为上、下游厂商客户的服务代表，如经销商、批发商的业务代表。

④新业务推销员：不确定地寻找产品的使用者，如图书、房地产的业务代表。

不同性质的销售工作，对人才的需求标准是不一样的。在挑选销售人才之前，销售主管必须就工作性质设定选用人才的标准，如果说无标准，录用的人不符合工作的需要，就会造成销售人员高流动率、挫折感、不满感或缺乏挑战等管理上的问题。

✓ 适合销售员的考核方式——目标考核

销售人员的绩效考核可以采取目标考核的方式，按照公司的年度销售目标，把目标分解到具体产品或区域，然后分解到具体的业务人员。在分配目标的同时，必须进行资源分配，否则可能导致成本上升业务下降。设定具体目标时，必须和公司总目标、价值观一致。如一些公司以销售额为主，一些公司以毛利额为主，对于经营困难的公司则应以利润为主。目标可以是绝对指标，也可以是相对增长指标，关键看公司的发展阶段和竞争、发展的需要。成熟公司比较多地采用绝对指标，成长迅速的公司建议采用增长指标。

如某公司对分公司经理的考核指标包括主指标和辅助指标，其中主指标有：回笼（销售回笼完成率），在考核中占40%的比重；开单完成率，占30%。辅助指标包括：网点达标率，占10%的比重；网络开发，占10%；应收账款管理，占10%。同时设"雷区激励"，对完成不好的工作扣分，库存管理扣5分，投诉累计扣5分，曝光累计扣5分，日常管理累计扣5分。对于分公司的销售人员还有分销、业务往来、价格管理等指标。

考核的难点除了考核指标的设定，最难做到的是"缺少考核信息"，无法评价指标完成情况，因此必须建立高效率的管理信息系统。每周一次或每月一次的销售工作计划报告，可以让销售主管了解业务员的工作动向，并比较各个业务员的计划与范围。当然还有销售日报、月度总结、书面报告，可以让上级掌握业务员销售计划的完成情况和工作进展。同时，客户与消费者的调查了解也是必不可少的，从他们那里得到的服务满意度的信息资料，特别是日常的客户投诉，可能比一年一度的正式评估反馈意见更能说明顾客的真实意见。

目标销售量和考核方法的标准有以下几个要考虑的问题：

（1）销售量，是企业考核销售人员的主要标准。目标销售量的制订是否正确、合理，这是首先要解决的问题。是按人口、人均消费、人均收入制订，还是按去年的销量加上平均增长率制订。比如按照人均消费来定目标销量，那么人口统计数是否准确，该区域人口是否大量外出，是否有大量外来流动人口等。

（2）是按简单的目标销量考核，还是制定综合考评标准。

（3）最后考核是按事先标准，还是按事后标准。

实践证明，每种方法都有其局限性和不完善的一面，企业要根据自身的具体情况制定尽可能科学、准确、公平、合理的绩效考核标准。

企业一般采用3：7绩效考核法：即综合考核占30%，销量考核占70%。综合考核包括：公司规范、运作方法、市场占有率、销售增长率等，按事先客观标准基层考核评估占70%，领导事后评估占 30%。销量考核，按事先标准考核占 70%，根据事后考核调整占 30%。事后调整包括：因特殊事件影响销量、客观困难、含水销量、公司产品或政策影响等。

通常，绩效考核的结果是通过奖金多少来体现的，最好是将激励与绩效考核结果结合使用。虽然通过了 30% 的综合考评，又通过两个 30% 的事后评估调整，既可以激励销量，又可以避免一些不合理的偶然因素，尽量体现多劳多得，但还会有一些劳苦功高、有才华的人，虽然付出了很多，但是因市场属于开发期、衰退期或目标销量制订得不合理，使他们的付出与回报不成正比，从而有失公正，影响了某些员工的工作积极性。如果在绩效奖金之外再设一些如增长奖、开拓奖、网络建设奖、市场秩序奖等单项奖，效果就明显很多了。

考核标准一旦定下来就不能改变，这是一个误区。科学的考核标准应该是动态的。下面简单介绍一下 PDCA 计划循环法在绩效考核中的运用。PDCA 是英语的缩写，Plan：计划，Do：执行，Check：检查，Action：处理。计划是事先制订的销售目标，销售目标计划的执行是销售人员的核心工作，管理者要对计划的实施执行及时检查（实时监控），在计划实施中发现问题时要及时纠正、调整。根据具体情况（特定的市场、时势和人员），将调整后更加科学、准确、合时宜的计划和考核标准作为新一轮的计划，在循环中不断提高。它们相互联系，首尾衔接，不断循环，将企业的销售计划和绩效考核有机地联系起来，相互促进，协调发展。

销售目标计划和绩效考核标准应该是动态的，而不是一成不变的。一个好的绩效考核方案应该是销售目标计划、销售全程管理工作中的一个有机的组成部分。绩效考核是销售全程管理工作中从始至终的能量供给剂。绩效考核应该是系统的，而不是孤立的。从方案制定到实施执行、信息反馈、监督控制、处理调整，它参与了销售管理工作的全过程。科学的绩效考核有助于企业销售目标的实现。

绩效的考核和评估，一般来说是硬性的指标，只看结果不管过程。科学的绩效考核应该是重视过程控制，只有好的过程才能产生好的结果，因为结果往往是不易改变的，而过程是否正确、得当，则可以即时改进。根据 3：7 考核原理，在 30% 的综合考核中，应该建立阶段性的实施报告，以便于领导及时监控、指导。比如，一个促销方案，一个阶段的工作计划、总结，一个时期的政策执行情况、对区域网络的调整等，思路是否正确，方法是否得当，上一级主管可以及时给予指导、纠正。尽管市场是千变万化的，但也有其规律性，已形成规范的若按程序操作就会减小失误，所以过程的实施、程序的执行是否到位，应该作为绩效考核的一个主要内容。还有，30% 的事后评估调整也很重要，有些业务员确实付出了努力，因事先标准的失误或客观因素的影响导致硬性指标不能完成，应给予合理的调整。

3：7绩效考核法的实施，与其他方法一样，关键在于中层干部的意识和素质，此外还需要有一批基层督察人员（专职或兼职），做好整个销售目标实施过程中的监控、调整工作，并准确、客观地将整个过程记录下来。3：7绩效考核法不一定适合每一个企业，但其核心的内容在于互动性和合理性。

✓ 行政人员的绩效考核

公司的员工考核办法是与绩效工资挂钩的，也就是说，绩效考核的主要目的是为绩效工资提供依据。行政管理人员与销售、生产等人员相比，其工作性质、产出特点、产出周期等均有很大差异，因而其绩效工资以及考核办法均需另类处理。除主持全局工作的中高层领导外，行政管理人员的工作流程基本上属公司核心业务流程以外的辅助流程，其工作主要属支持、服务性质，其产出特点是：均匀性、稳定性、间接性。每月工作内容很相似，按基本的作业程序操作，工作成果难以量化，对公司贡献的影响很间接。

企业中业务人员可考查其业绩，然而企业中一些非业务部门，如行政部门，甚至业务部门中的有些非业务人员，他们的业绩如何考核？

1. 业绩量化

业绩并不只是那些可以用经济指标衡量的业务实绩，而是包括企业中所有岗位上的工作人员所取得的工作进展或完成业务的情况，其中有些业绩是无法用经济指标来衡量的。那么，如何考核这些无法直接用经济指标来衡量的业绩呢？从实践来看，考核制度与计划管理的紧密结合，能够较好地解决这个问题。

（1）计划管理以一定质量要求下的"工作量"和"进度量"为指标，把非业务人员的工作转换成可以用比较精确的数字来加以衡量的东西。这里的要素有三："一定质量要求下的""工作量""工作进度"。

（2）计划管理并不是一个单一的计划，而是一个有着多维精确刻度的计划体系，它使整个企业的工作，从长期、中期到短期，从整个公司、各个部门到每一个人，从生产经营到各方面的工作，都成为可以把握、衡量的东西。

这样一来，实际上已经把非业务人员的"计划管理"与业务人员的业绩考核统一起来了。

但是每月量化考核行政管理人员，一定要小心跌入"量化陷阱"，导致大而全的量化，事后的量化，琐碎细节的量化。要有目标导向、成果导向与计划导向，要建立起员工行为与公司目标的正相关关系。例如，对人事负责人可以考核其"人才流失率"指标。设计量化考核指标时，应注意以下原则：易理解，被考核者有相当的控制能力，考核内容的资料来源可信且获取成本低，考核内容可衡量、可实施。

对确实找不到直接量化指标的岗位或人员，可以选择以下方式考核：满意度调查、内部服务投诉次数、月度工作计划／任务考核等。

2. 素质考核

（1）素质考核必须体现积极的价值导向。

通常的做法是，在员工素质考核表中罗列一大堆指标，往往有10项以上，其中有"劳动纪律""尊重同事""言谈举止""知识广度"等，内容包罗万象，但是毫无重点。暂不说有些指标是否适合考评，也不说对所有人都做统一要求是否合适，单说如此求全责备，四平八稳，就足以使人望而生畏。

对企业员工，包括业务和管理人员，应当根据各个岗位的不同要求作不同的考核，而且要抓住少数几个体现企业积极的价值导向的"关键指标"，不宜如此面面俱到。

（2）素质考评的内容。

在对企业管理人员的素质考评中，应当侧重考查其管理素质，即主要从其计划、组织、用人、指挥和控制等方面的能力来考查，其核心是协调能力，这是对干部的主要要求，居主干地位，分数应占最大比例。"能否通过自己的创新能力对企业经济效益、企业文化和社会形象做出较大贡献"，则是对管理者的最高要求，处于顶峰地位，分数比例虽不大，但体现了公司的价值导向，是极为重要的。

此外，还应该根据公司领导（高层）、部门领导（中层）和主管（基层）三级分别作不同要求。比如，在对各层管理者上述三层素质的考查中，不但具体的要求应该不同，而且在三层次中的侧重点和分数比例也应不同。再者，在对各层干部能力结构的要求中，侧重点应有所不同。

如果要对高层领导干部进行考核，就要特别注重其思考能力、协调能力，对中层干部则应强调其具体操作技能，而其思考能力、协调能力、技术能力则应大体均衡。从实践来看，对于高层，应是50：40：10；对于中层，应是30：40：30；对于基层，则是10：30：60。另外，在对干部的管理能力的考查中，高层干部的计划能力权重应占25%，组织能力应占20%，用人能力占30%，指挥能力占10%，控制能力占15%；中层干部的这个比例分配应该是20%、15%、20%、35%、10%；基层干部则是15%、10%、15%、55%、5%。同时，对高、中、基层干部这5个方面管理能力所要求的具体内容也应不同。

对于普通员工，特别是对于业务人员的素质考评，则主要考查其工作素质、操作能力，兼顾对其管理潜力的考查，为其上升留下空间。

✔ 行政人员的考核方向

1. 市场

行政部门的核心能力在于专业化，也就是说能不能以精简的专业队伍提供包括咨询在内的一流服务，而市场是检验和衡量一家公司行政部门的专业水平的最终标准。譬如说，人力资源部可以与 IBM 等国际跨国公司或联想等国内领先企业的人力资源机构比较一下。

2. 公司

任何部门存在的价值和理由，是对公司的生存与发展具有贡献。公司价值创造的核心环节包括研发、制造、销售和安装服务等，相对应的业务部门担负明确的增值责任，其贡献清晰可见。辅助流程为核心流程运行提供必需的资源支持，与此对应的行政部门的贡献即体现在资源提供能力和表现（数量、质量等）上。

3. 业务部门

行政部门直接支持并间接通过业务部门的运作实现其价值，因此业务部门最有资格和权利来评价行政部门的贡献。譬如人力资源部是否为各类业务人员组织了有效的培训？是否及时招聘甄选到了合适的业务人员？是否设计了合理的绩效管理制度并指导业务部门实施？

4. 员工

行政部门的支持性功能一般还包括建设和优化公司的软硬环境，如企业文化、组织气氛、工作条件、生活环境等。通过环境因素正向引导员工的态度和行为，达到改进和提升业务绩效和公司贡献的目的。可见，员工对行政部门的评价（员工满意度等）很有意义。

让员工满意、业务部门满意和公司满意，同时以市场为标准不断提高专业化水准，这是每一家公司的行政部门的立身之本。

✓ 研发人员的绩效考核

1. 建立考核流程

一般研发部门的考核可由公司的战略或计划部门来组织，由公司的高层根据相关部门提供的信息来考核。考核的流程通常包括研发部门目标的制订、评估和沟通3个环节，循环进行。

部门计划制订的过程是自上而下和自下而上相结合，公司、部门、项目团队、个人的目标要环环相扣，不能相互矛盾。研发部门根据公司总目标，考虑研发部门的资源和能力制订部门目标；上级领导审核认为符合公司目标，就可将目标确定下来。一般公司的计划部门根据部门目标只设置3～5个关键业绩指标和考核标准，每个季度或半年，进行MBO（目标管理）评估，由研发部门的上级领导根据相关部门提供的数据进行评分。如果是考核项目团队，考核周期可根据项目周期来定，但最长不超过1年。对研发人员的考核一般可由人力资源部来组织，由上级进行考核。

2. 平衡好各项指标之间的关系

对研发人员的考核机制主要由考核流程与考核指标两部分构成。设计考核流程时必须考虑到考核方式、考核人员与职责、考核表格、考核周期、考核与激励的结合等相关要素。设计考核指标时，须兼顾研发的有效性和效率。考核研发有效性的典型指标有新品开发数量、新品当年市场返修率等，而考核研发效率的典型指标有新品开发周期、研发费用、零件借用率等。对研发人员的激励必须按照既定的考核指标来进行。

3. 按被考核对象确定不同的考核重点

随着企业的快速发展，研发队伍也随之迅速发展，功能会日趋完善。以往许多企业的研发部门只有产品开发和测试任务，而现在不少企业的研发部门都增加了原理研究、实用研究团队。像功能较全的研究院，考核就要分研发部门、项目团队和研发人员3个层次。在研发团队层次，还要按原理研究、实用研究、产品开发、产品测试团队，设置4种考核重点。如搞原理研究的团队应考核其是否能把握一个领域的方向；搞实用研究的团队应考核其是否能利用新技术提出新功能或解决技术难题，这和搞产品开发和产品测试的团队有很大不同，不能混为一谈。

根据以上信息，我们不难确定每个阶段的主要考核指标，然后，再一步步确定开发人员（包括项目经理、开发人员等）的考核重点。

（1）项目阶段的考核重点。

既然每个阶段的项目任务和输出已经明确，利用平衡计分卡和鱼刺图分析法，我们就可以找出项目各个阶段的考核指标。

（2）开发经理（项目经理）的考核重点。

根据项目各阶段指标重点，我们不难确定开发经理的岗位

KPI，如：

①新产品开发周期。

②技术评审合格率。

③项目计划完成率。

④项目费用控制。

⑤客户满意度。

⑥项目过程的记录。

⑦团队士气指数。

（3）开发人员的考核重点：

①项目计划完成率。

②项目流程、规范符合度。

③设计的可生产性。

④设计成本降低率。

（4）开发测试人员考核重点：

①测试问题解决率。

②运行质量（网上遗留问题次级、重大问题次级、故障率）。

③服务质量（网上遗留问题解决率）。

④开发计划完成率。

⑤开发过程规范符合度。

✔ 采购人员的绩效考核指标

1. 以"5 适"为中心的考核指标

采购人员在其工作职责上，应该达到"适时、适量、适质、适价及适地"等目标，因此，其绩效评估应以"5 适"为中心，并以数量化的指标作为衡量绩效的尺度。具体可以把采购部门及其人员的考核指标划分为以下 5 大类：

（1）质量绩效。

采购的质量绩效可由验收记录及生产记录来判断。验收记录指供应商交货时，为公司所接受（或拒收）的采购项目数量或百分比；生产记录是指交货后，在生产过程发现质量不合格的项目数量或百分比。

进料验收指标 = 合格（或拒收）数量 ÷ 检验数量

在制品验收指标 = 可用（或拒收）数量 ÷ 使用数量

若以进料质量控制抽样检验的方式，则在制品质量控制发现质量不良的比率，将比进料质量控制采用全数检验的方式为高。拒收或拒用比率越高，显示采购人员的质量绩效越差，因为未能找到理想的供应商。

（2）数量绩效。

当采购人员为争取数量折扣，以达到降低价格的目的时，却可能导致存货过多，甚至发生呆料、废料的情况。

①储存费用指标。现有存货利息及保管费用与正常存货水准利息及保管费用的差额。

②呆料、废料处理损失指标。处理呆料、废料的收入与其取得成本的差额。

存货积压的利息及保管的费用越大，呆料、废料处理的损失越高，显示采购人员的数量绩效越差。不过此项数量绩效有时受到公司营业状况、物料管理绩效、生产技术变更或投机采购的影响，并不一定完全归咎于采购人员。

（3）时间绩效。

时间绩效是用以衡量采购人员处理订单的效率，及对供应商交货时间的控制。延迟交货，有可能形成缺货现象，但是提早交货，也可能导致买方不必要的存货成本或提前付款的利息费用。

①紧急采购费用指标。紧急运输方式（如空运）的费用与正常运输方式的差额。

②停工断料损失指标。停工期间作业人员的薪资损失。

除了前述指标所显示的直接费用或损失外，还有许多间接损失。例如经常停工断料，造成顾客订单流失，员工离职，以及恢复正常作业的机器必须做的各项调整（包括温度、压力等）；紧急采购会使购入的价格偏高，质量欠佳，连带也会产生赶工时间，必须支付额外的加班费用。这些费用与损失，通常都没有在此指标内加以估算。

（4）价格绩效。

价格绩效是企业最重视、最常见的衡量标准。透过价格指标，可以衡量采购人员的议价能力以及供需双方势力的消长情形。

采购价差的指标一般有以下几种：

①实际价格与标准成本的差额。

②实际价格与过去移动平均价格的差额。

③比较使用时的价格与采购时的价格之间的差额。

④将当期采购价格与基期采购价格的比率与当期物价指数与基期物价指数的比率相互比较。

（5）采购效率（活动）指标。

以上质量、数量、时间及价格绩效是就采购人员的工作效果来衡量的，另外可就采购效率来衡量。

①采购金额。

②采购金额占销售收入的百分比。

③订购单的件数。

④采购人员人数。

⑤采购部门的费用。

⑥新供应商开发个数。

⑦采购完成率。

⑧错误采购次数。

⑨订单处理的时间。

通过采购活动水准上升或下降，我们不难了解采购人员工作的压力和能力，这对于改善或调整采购部门的组织和人员的工作，将有很大的参考价值。

2. 全面考虑评估标准

（1）以往绩效。

选择公司以往绩效作为评估目前绩效的基础是相当有效的做法。但公司的采购部门，无论组织、职责或人员等，均应在没有重大变动的情况下，才适合使用此项标准。

（2）预算或标准绩效。

若过去的绩效难以取得或采购业务变化很大，则可用预算或标准绩效作为衡量基础。

标准绩效的设定，有以下 3 种原则：

①固定的标准。标准一旦建立，则不再变动。

②理想的标准。指在完美的工作条件下应有的绩效。

③可达成的标准。在现状下，应该可以做到的水平，通常依据当前的绩效加以考量设定。

（3）同行业平均绩效。

若其他同行业公司在采购组织、职责和人员等方面均与公司相似，则可与其绩效进行比较，以辨别彼此在采购工作成效上的优劣。若个别公司的绩效资料缺失，则可用整个同业绩效的平均水准来比较。

第六章

绩效考核结果的应用

对不同考核结果的处理

在考核结束后会有优秀、满意、不满意3种类型的结果，对于3类不同结果，考核者应分门别类，有针对性地采取措施：

1. 考评得"优秀"者

越优秀的人才越要冷静对待，跟他面谈也好，做心理测评也罢，本着对公司负责任的原则，一定要在他真正具备管理才能的时候才能提升他。

2. 考评得"满意"者

考评得满意者的人数应该占考核总人数的一半，他们大都工作平平，不犯错误，也没有什么突出贡献。那么，如何对待考评达到满意的员工呢？升职、加薪、表扬等，全都可以。当企业特别缺乏人才或者事业突飞猛进、在管理职位或技术专家方面缺少人才时，可以从这批人中抽出几个直接提升到经理、技术专家的职位。但是要注意，职位提升后，要给他安排"教练"，如让老经理或者有专长的技术人才带着他，这可以叫"关照"。有这个"导师制度"才能保证提升上来的人能健康地接着往上走。我们通常有种说法：一个善意的提升，可能扼杀一名很好的工程师，得到了一名非常糟糕的经理。一个好心好意的提升可能会影响公司的发展。

3. 考评得"不满意"者

这种情况的处理相对来说比较干净利索，可以采取降薪、扣奖金、降职、轮换到别的岗位上去，还有离职等几种处理方法。

如果员工今年考评5分只得了1分，能不能第二天就直接让他走人呢？

其实，如果员工真的得了1分，第二天就辞退他，从法律角度讲，这个员工可以马上就申请仲裁，去告这个企业，因为企业这样对待员工是不公平的。如果员工申请仲裁，仲裁委员会会到这个公司来问很多问题：这个员工的成绩不好，公司给他培训了没有？他成绩不好有没有内在的原因？是不是时间不够、人手不够、金钱不够？这些你都给他配备齐了没有？如果是企业没有为员工提供适当的后续帮助，使员工效率低下，就不能随意辞退员工。否则，如果员工申请仲裁，很大程度上会对企业不利。所以，对待成绩不佳者有一个流程，只有把这个流程都走完了以后，你才可以辞退员工，但是辞退必须符合劳动法和公司的制度。

✓ 绩效考核结果的应用

绩效考核结果的应用作为调动员工工作积极性的重要手段，应该体现激励先进、鞭策后进的原则。奖惩是绩效考核结果的一个传统用途，到今天为止仍然在很多企业的绩效考核管理中占据重要位置。除了奖励和惩罚等管理用途外，现在已经有越来越多的企业将绩效考核的结果应用于员工培训、职位/职务变迁、员工的淘汰等发展目的，使员工素质和企业业绩同时得以提高。

以绩效考核结果作为员工奖惩、培训、升降职、淘汰等的主要依据，能在较大程度上防止员工奖惩中可能出现的主观性和片面性。因为有效的绩效考核结果是对员工所承担责任和任务全面、准确、具体的综合性总结，它既包括定性评价，也包括定量评价，凭事实和数据说话，有说服力。如某环境保护局干部员工考核与奖惩管理办法规定，年度考核连续三年评为优秀的，提前晋升一级工资；年度考核为基本称职或基本合格的，奖金减半；年度考核不称职或不合格的，给予辞退，自谋职业。

在绩效考核结果的应用方面，需要注意处理好以下 5 个问题：

（1）在制订绩效目标阶段就要明确实施奖惩的具体规定。对目标达到什么程度，怎样奖惩，都要事先形成文字材料，使广大员工心里有数。

（2）在制定奖惩规定时要考虑控制能力问题，要在各级组织中明确实施奖惩的职权范围。

（3）在绩效形成过程中要及时检查并注意积累评价资料，以保证评价时有充分的根据。

（4）绩效考评完成后要及时兑现奖惩，即便是发现起初的奖惩规定不尽合理也要遵照执行，以保证绩效管理的严肃性。

（5）对业绩优秀者给予足够的奖励，对业绩不佳者给予惩罚，以拉开奖惩的差距，保证激励措施的有效性，真正激励员工完成挑战性的目标。

✓ 绩效考核结果与薪酬

绩效考核结果与薪酬的联系，通常反映在考核工资发放、奖金分配、加薪或减薪以及其他奖励如优秀员工奖等方面。一般而言，考核工资的发放只跟员工的日常工作考核结果挂钩，而奖金分配、加薪/减薪以及其他奖励除了和员工的日常工作考核结果挂钩外，通常还要考虑员工的其他特别表现，比如对于公司管理改善方面提出的重要合理化建议、为公司作出的本人工作之外的特殊贡献等。为了使员工的利益与团队、企业的利益紧密相连，在奖金分配的额度、加薪/减薪的额度等方面还可以以企业的整体绩效或者团队绩效为前提。例如，规定只有当企业的赢利达到一定标准之后，才进行奖金分配和加薪，而且，奖金的数额和加薪的幅度随企业赢利的变化而变化。

1. 绩效付薪的目的

绩效付薪的基本理论是期望理论。该理论认为，激励员工所必需的条件如下：

（1）员工应确信优异成绩（或某种特定行为）一定会带来某种报酬。

（2）员工应确信某种水平的个人努力将会符合公司的绩效

标准。

（3）个人激励的推动取决于3个方面：一是达到预期绩效需要多少努力，二是对于通过绩效获得报酬的预期，三是个人感知的报酬吸引力。

组织采用绩效付薪的主要目的在于：

①绩效付薪制度有助于吸引和留住成就导向型的员工。

②可以激发员工多做符合组织需要的事情，有利于在企业中建立以绩效结果为导向的激励机制。

③有助于聘请到表现优异的员工，因为这种方式能够满足人们的需要。调查显示，员工更满意于那些依据绩效发放的报酬。

④绩效付薪方式适合企业的性质，企业的目标是生存和可持续发展，而要达成这个目标，首要的前提就是要有绩效。

⑤绩效付薪方式有利于企业形成以绩效为导向的工作文化。

2. 绩效付薪的用途

（1）绩效工资。

以绩效为导向的薪酬制度强调员工的工资调整取决于员工个人、部门及公司的绩效，以成果与贡献为评价标准，通过绩效结果与工资评定有机结合，其目的为：

①有效促进公司战略目标的传递与分解。

②强化员工的直接贡献和不断改进绩效。

③使工资分配更加客观与公平。

④使工资分配具有更大的弹性，强化激励效果。

调查发现，无论是管理者还是一般员工，他们都认为工资应该与绩效挂钩。如果工资是基于个人的绩效，低绩效者的离职率就高；如果个人绩效不与工资挂钩，则高绩效者的离职率就高。

（2）奖金分配。

奖金分配是指企业依据什么给员工发奖金，发多少。奖金的发放一定基于评价，对于评价要素的选取及权重的确定往往反映了公司的价值导向。

绩效目标奖金法指的是根据部门或员工的绩效目标达成情况进行奖金分配。在小型公司内，可以根据公司的经营绩效和员工个人的绩效表现来给员工评定奖金。而对于大、中型企业一般采用奖金包分配方式，员工个人的奖金分配额度取决于个人绩效结果和那些奖金包的大小，而部门奖金包与公司的奖金额度都和公司效益紧密相关，这样使员工不仅关注个人绩效，更关注团体、部门和公司绩效。

除了按绩效目标进行奖金分配，有些公司对于特殊人员采用佣金法和项目奖法。佣金法较多用在市场销售人员身上，直接按销售人员的销售额的一定比例作为奖金发给个人。这种方法计算简单，激励性强，销售人员在签合同时就可以计算出自己拿多少奖金。项目奖金法多用在项目开发人员身上，为了促进产品开发早日完成，采用特殊项目奖的方法，促使产品开发人员加班加点努力工作。

（3）股权激励。

有些企业对公司高层和骨干人员采用股权激励的分配方式。股金评定的目的是形成公司的骨干核心层，使公司的控制权逐渐掌握在一批认同公司文化，具有才干而又能长期为公司作出贡献的骨干手中，保证公司长远、健康发展。股权评定主要针对员工的潜能与未来贡献。而员工当前的绩效状况是判断其潜力和未来贡献的重要依据。因此，企业在进行股权制度设计和股权分配时，也要将员工绩效作为考虑的一个要素。

✓ 绩效考核结果与升职、降职

员工的综合素质考评是在员工尚未担任某一岗位之前，决定员工是否适合担任该岗位的主要依据，而绩效考核则是在员工担任该岗位后的一段较长时期内，对员工是否适合担任现有岗位的检验。因此，绩效考核结果在决定员工的升职和降职过程中，所能起到的作用大小是不一样的。

当年终对员工的综合素质考评和绩效考核结果进行排名后，企业管理者要依据综合素质考评和工作需要来决定人员的升职情况，绩效考核结果在其中所占的比重相对较小，因为某位员工适合目前的岗位，并不能说明他就适合比这更高或更重要的岗位。相反地，很多企业的实践证明，有很多人员在本员工作中做得非常出色，但是当他上升到更高一级岗位上的时候，往往会因为管理能力和领导能力的欠缺而败下阵来。更高级的岗位需要员工具备更多的计划组织、协调、领导和控制能力，而不是简单的操作执行能力。而当决定某位员工是否降职时，绩效考核结果往往起到了决定性的作用，毕竟，较差的绩效考核结果证明了你并不适合这个岗位。例如，在某企业的绩效考核方案中，员工年度综合评估结果与职务变动的关系为：当年度综合评估结果为"不称职"者，即可转岗或降职。转岗或降职后下一年内季度和年度考核有一次为"不称职"者，即可淘汰。凡出现涉及劳动合同规定的严重违纪、违规行为，实行单项否决，予以辞退。

✓ 绩效考核结果与员工发展改进计划

绩效考核结果最重要的用途就是通过绩效评估，让员工知道自己哪些地方做得好，哪些地方做得不好。这些做得不好的地方就是今后培训和发展的空间。

员工发展改进计划，是指根据员工有待发展提高的方面所制订的一定时期内完成的有关工作绩效和工作能力的改进和提高的系统计划。员工发展改进计划通常是管理者和员工在绩效管理过程中，经双方讨论而达成一致的计划。员工发展改进计划是员工个人绩效计划的有效补充，是绩效管理关注评价与发展这一核心思想的重要体现。

1. 员工发展改进计划的内容

（1）需改进的方面。

通常指的是绩效诊断四要素，即知识、技能、态度和外部障碍等方面需要改进、提高的地方。

（2）改进和发展的原因。

选择并将这些需要改进的地方放入个人发展计划中，非常有必要，管理者和员工必须要弄清楚这些必要性。

（3）目前的状况和期望达到的水平。

个人发展计划应当有明确、清晰的目标和需要达到的水准。

（4）确定改进的措施和责任人。

改进有很多不同的措施，如有些需要在职培训、脱产培训、自我学习，也有些需要安排导师，给予必要的支持与帮助等。同时，还应当确定责任部门或责任人，以便更好地帮助员工并跟踪其改进的效果。

（5）确定改进的期限。

预期时间进度和改善的最终日期，一般为30天、60天或90天。

2. 员工发展改进计划的制订

（1）确定改进点。

改进计划、改进点都来源于绩效考核的结果，通过考核而发现的主要不足之处就是改进点，针对改进点制订出的下一期目标，就是改进计划。

主管和下属的不足之处，可能有多个方面，但并不是要把每一方面都作为一个改进点。确定改进点，我们应当掌握的原则和方法如下：

①主管的想法是最重要的吗？也许员工自己就能改进一项真正发生问题的项目，也许主管改进的项目早已是员工的优点。

②员工认为该从何下手？这一项因素可能会激发员工改进的动机，因为员工通常不会从他根本不想改进的地方下手。

③哪一方面的改进较有成效？立竿见影的效果总使人有成就感，也有助于再继续改进其他的方面。

④以所花费的时间、精力、成本而言，哪一方面的改进更划算？

一般都将符合以下条件的改进点列为优先改进点：

·很具体、很明确，以明确改进方法或改进方向（客观性）。

·上级主管要求必须限期改进（紧急性）。

·如果不改进将影响他人、部门或公司的综合绩效（重要性）。

·自身感兴趣也有信心改（自主性）。

·较易达到改进效果（可达性）。

但是，以下不足之处应暂缓列为当期改进点，除非它重要又紧急。

·本人内心不认可，不认为其为不足之处。

·需改变思想观念、习惯后才能改进的。

·与部门 KPI 或个人业绩标准、应负责任联系不够紧密的。

（2）制订改进计划。

在初步找到改进点后，员工与其主管要本着改进与提高的目的，进行有效的沟通，进一步找问题、找方法，制订改进计划。

①找出问题所在。第一步是分析问题产生的原因：为何绩效未达到可以达到且应达到的水准？一般而言，通常有三方面原因：员工、主管和环境。

·员工绩效未达到期望水准或者由于对主管的要求不明确，或者因技能不足，或者因缺乏动机。

·主管则可能是没有给予员工足够的指导和帮助，或者是任务目标不明确，使员工无所适从。

·环境可能是由于工作流程不畅，或者是相关部门配合不够。

②考虑可能解决的方法。应该将所有可能改进绩效的方法列于一张表上，并加以分类：

员工能做的、主管能做的，以及应改善的环境等。

③确定绩效改进目标与计划。在制订计划时，应注意：

·目标与计划内容要实际，与待改进的绩效相关。

·目标与计划要有时间性，必须有截止日期。

·目标与计划内容要具体，明确做什么、谁来做、怎么做。

·目标与计划要获得认同，主管和员工都接受并致力实行。

④为了使员工实现绩效改进，主管应注意以下几点：

·员工意愿，必须想改变。

·员工知道要做什么，如何去做。

·主管要营造一种良好的工作气氛，使员工感到主管是在鼓励、推动他去实现改进。

· 主管和周围同事提供员工改进绩效所需的协助和支持。

· 对于员工的改进给予一定的奖励，树立起员工的自信心，从而激励员工不断改进和提高。

✔ 绩效考核结果与员工淘汰

企业与人体组织一样，必须不断进行优胜劣汰和新陈代谢，才能维持健康的体魄，才能获得长远的可持续发展的能力。而在现实生活中，就像很多人虽然知道有些习惯不好，却总是改正不了一样，很多企业也总是不愿意淘汰绩效表现极差的员工。

出现这种情况的原因有许多，比如，有的企业是因为机制和社会文化因素导致无法淘汰这部分绩效表现极差的员工；有的企业是因为绩效考核体系本身存在缺陷，无法据此确定员工的绩效表现优劣，因此也就无法以绩效考核结果为依据来淘汰员工；有的企业是因为这些岗位需要特殊的技能或资源，短时间内无法找到合适的人员来代替现有员工；有的企业则是因为管理人员本身的素质不高，无法有效辨认员工绩效的优劣，或者虽然外界有许多高素质的可以替代这些员工的人选，但现有的管理人员对于控制、管理和领导这些人员没有足够的信心；还有的企业纯粹是由于感情因素，很难告诉这些员工他们的绩效表现非常差，以致企业现在要淘汰他们。

容忍这些绩效表现极差的员工继续留在企业，会对企业造成很大的损害。首先，由于这些人员占据了一定岗位，导致企业无法为这些岗位配备优秀的人才，或者即使能为这些岗位另外配备优秀人才，但对企业而言，为这些绩效表现极差的员工所支付的各项费用仍是一笔额外的支出；其次，容忍这些人员会破坏企业整体的文化理念，优胜劣汰并没有得到真正的执行；再次，优秀员工的业绩会被这些业绩极差者拖累，即使优秀员工付出再多努力也无助于团队绩效的大幅提升，优秀人员及周围其他人员的士气会因此而受到损害；最后，如果这些绩效表现极差者处于重要的管理岗位的话，所形成的不利影响可能会更大，因为我们无法指望他们吸引、保留并培育优秀的下属。

因此，企业在设计绩效考核体系的时候，就必须考虑淘汰绩效极差的员工的问题。一般来说，我们可以从员工的近期绩效表现和未来发展潜力两个方面加以考虑。对于绩效表现差，但个人发展潜力较好的员工，可以在对其实施惩罚、帮助其制订绩效改进计划并督促执行的同时，为其提供适当的培训，或者对其实行待岗培训后重新上岗，以观其效，而无须急于将其淘汰。而对于绩效表现差，个人发展潜力又不大的员工，则区分具体情况，对于个人技能和能力欠缺的，可以考虑将其降职；对于个人能力和发展潜力不适合目前岗位的，可以将其转岗；而对于绩效表现极差，能力低下，或者其他素质方面有重大缺陷，留下会对企业造成重大负面影响的员工，应该坚决予以淘汰。

第七章

薪酬管理的制度设计

✓ 影响薪酬体系设计的因素

薪酬体系的设计要受到企业内部和外部多种因素的影响。具体来说，主要包括如下因素：

1. 影响薪酬的内在因素

所谓内在因素是指与职务特长及状况有关的因素，其主要有：

（1）职务的权力和职责。

权力和责任是一个整体的两个方面，不过权力是由责任而来，责任是由判断或决定能力而产生。对于权责重的人应给予较高的薪酬，因为权责重的人其决定和判断的正误对公司产品的品质市场、信誉与赢利有较大的影响。如领班的工资应高于技工，其原因就在补偿领班在过程中所作的正确判断和决定，这部分高出的工资也是建立领班职务专业的严格工具。

（2）技术和训练。

技术和训练水平高的人，应拿较高的薪酬，这部分较高的薪酬不仅包含报酬，而且包含积极性的激励。所谓报酬乃是补偿学习技术所耗的时间、体能和智慧；所谓激励是使员工从事更艰难的工作，并使受雇人员愿意学习和从事技术工作。

（3）工作的时间性。

有些工作是长期的，另一些工作是季节性或临时性的。

（4）工作的危险性。

有些职务具有危险性，有害人体健康；也有些职务具有令人难以忍受的气味、温度、光线等，从事这些工作的人员需要特殊的胆识体力，因此他们的薪酬应比在舒适的工作环境中工作的人的薪金高。这种高薪酬的作用是补偿他们的体能、耐心和冒险的精神，从心理学的观点看，也是一种安慰和鼓励。

（5）福利及优惠权利。

有些企业给员工办有种种福利或赋予若干优惠，如供给员工廉价或免费的食宿，或允许员工以优惠价格购买其产品或服务。凡是没有福利或优惠的公司，就应该在薪酬方面予以适当的弥补，方能维持员工的稳定。

2. 影响薪酬的外在因素

（1）劳动力市场的供需关系与竞争状况。

作为一种重要的资源，人力资源的价格会受劳动力市场供需关系变化的影响。在竞争激烈的行业中，薪酬往往成为一种重要的竞争手段。

（2）地区及行业的特点与惯例。

沿海与内陆、基础行业与高科技新兴行业、国有大中型企业密集地区与三资企业集中地区等之间的差异，必然会反映到其薪酬政策上来。

（3）当地生活水平。

生活水平的高低，会影响当地物价指数的变化以及员工对个人生活的期望，这在一定程度上将影响企业的薪酬调整政策。

（4）国家的有关法律和法规。

在设计薪酬体系时，必须遵守各类相关法律。

（5）本企业的业务性质与内容。

如果企业是传统型的、劳动密集型的，则劳力成本可以在总成本中占很大的比重；但若是高技术的资本密集型的企业，劳力成本在总成本核算中的比重却不大。显然这对企业的薪酬政策有不同的重大影响。

（6）公司的经营状况与财政实力。

经营状况是不断变换的，而经营好坏也无绝对的判断标准。所以经营状况对薪酬的影响只是间接的和远期性的。

（7）公司的管理哲学和企业文化。

企业领导对员工本性认识（管理人性观）的不同，将会导致公司薪酬政策的大相径庭。

✓ 薪酬体系设计的原则

1. 竞争原则

根据调查，高薪对于优秀人才具有不可替代的吸引力，因此企业在人才市场上提供较高的薪酬水平，无疑会增加企业对人才的吸引力。

如果企业制定的薪酬水平较低，那么必然在与其他企业的人才争夺中处于不利地位，优秀的人才将与企业无缘。并且，企业内的员工也会在其他企业高额薪水的诱惑下，产生不满情绪以致工作热情下降，甚至会辞职，另觅高枝。

因此，在制定薪酬制度的时候，不妨先暗中"刺探"一下同行业的其他企业，尤其是实力相当的竞争对手，以及虽属不同行业但在同一人才市场上争夺人才的企业的薪酬水平，然后使本企业的薪酬标准稍高一些。

千万不要小看这高出的一点，在其他条件如工作环境、工作条件、劳动强度相近的情况下，人们最看重的恰恰是这"一点"。这高出的"一点"可以起到"四两拨千斤"的妙用！不信就试试看！

但是企业的薪酬标准在市场上应处于一个什么位置，要视该企业的财力、所需人才的可获得性等具体条件而定。竞争力是一个综合指标，有的企业凭借良好的声誉和社会形象，在薪酬方面只要满足公平性的要求也能吸引一部分优秀人才。

另外，劳动力市场的供求状况也是我们在进行薪酬设计时需要考虑的重要因素。就我国目前而言，劳动力市场的供求状况总的趋势是供大于求。在很多情况下，人力资源经理并没有将竞争性因素考虑到薪酬当中去。

王刚是一家建筑公司的人事经理，他的招聘对象是三名打字员。有人问他："你们企业所提供的薪酬标准是否高于同行业其他企业的标准？""不，我们的薪酬水平并没有高于，而是与其他企业打字员的薪酬的平均标准持平。因为打字员很多，我们很容易招到足够的打字员，没必要提供更高的薪酬。"

但就某种类型的人才来说，可能会出现供不应求的情形，如高级管理人员与专业技术骨干人员，目前在我国尚属于稀缺人才。反映在薪酬方面，这两类人才不仅有较高的货币性要求，而且有较高的非货币性要求和其他类型的要求。因此，在进行薪酬设计时，要充分考虑到这类人才对薪酬设计的独特要求。

2. 公平原则

人力资源经理应该用公平的薪酬取得员工信任，激励他们为企业的发展而努力奋斗。当员工为企业努力工作，作出巨大贡献时，不论他是企业的骨干，还是一般员工，不论他学历的高低，也不管他资格的深浅，应一律平等对待。对于在同一个部门工作的员工，如果他们为企业做出的贡献大小相同，且其他因素也相近，那么就应该付给他们相同或相近的薪酬。这样，员工才不会抱怨企业的薪酬制度不公平，才不至于影响士气。一般来说，薪酬的公平性是指：

（1）外部公平性。同一时间、同一行业、同一地区、同等规模的企业中相似或相同职务应该有大体相近的薪酬水平。因为职务相似，就要求员工有大体相近的智力水平、业务技能和工作经验，所以薪酬水平也应大体相同。

（2）内部公平性。即同一企业中，不同职务的员工所获得的薪酬应与各自对企业作出的贡献成正比，使员工不会产生薪酬不公平的感觉。内部公平是最重要的，若内部薪酬失衡，会导致员工产生怨恨，甚至产生窝里斗的现象，就谈不到用薪酬手段来激励员工。

（3）个人公平性。即同一企业中占据相同职位的员工，其所获得的薪酬应与其贡献成正比；同样，不同企业中职位相近的员工，其薪酬水平也应基本相同。

3.团队激励原则

随着社会的发展，人们的生活水平有了很大的提高，专业分工也日益趋向细分化。在现代企业的日常运作中，个人在企业中所能单独发挥的作用越来越有限，而大量的事务需要团队合作才能完成，所以，在薪酬体系的设计中还需要考虑团队激励原则。

在协作性很强的企业中，如现在的一些高科技通信企业、管理咨询公司等，团队的高效合作对组织绩效具有十分重要的作用。设计一种基于团队合作的薪酬体系可以使人们了解到，只有团队协作，自己才能获益，这样有助于强化员工的团队合作意识。

在应用团队激励原则时，还需要考虑薪酬在团队成员之间如何分配的问题。因为在团队合作的情况下，各个团队成员各自起着别人无法替代的作用，他们之间工作重要性的界限比较模糊，其工作责任和绩效表现也难以准确界定，因此薪酬分配的依据不甚明确。在这种情况下，有的企业采取了平均分配的方法，但这无疑会挫伤部分自认为自己的工作非常重要或非常出色的员工的工作积极性；有的企业按照员工岗位的重要性或技术职称的高低来进行分配，但这也会引起部分员工的不公平感，任何一个认为自己受到了不公正待遇的员工都可能会想，如果这个团队离开了我，他们的工作根本就无法完成。实际上，一个完全公正合理的薪酬制度是不可能存在的，企业需要做的就是设计不同的薪酬方案，并对其权衡利弊得失，选择最优或较优的模式。

4. 经济性原则

企业薪酬制度的主要目的是吸引和留住人才，为此一些企业不惜一切代价提高薪酬标准，这种做法也是不可取的。

某机电公司因资不抵债而被迫宣布破产，消息传来，人们为之震惊。该公司成立已经10多年了，自创业初始，发展速度一直较快。按规模来说，虽不是本行业的龙头老大，但也稳列前10名。为什么会落到如此地步？

几年前，该公司吞并了几家小公司。为了扩大规模，在全国各大院校招聘了近千名大学毕业生，其薪酬水平之高，使应聘者蜂拥而至。应聘成功者神采飞扬，落选者自叹命薄。谁会想到事情变化得这样快？该公司的总经理在接受记者采访时说："公司弄到这样的地步，原因有很多。但是，最根本的一点是负债规模过大，严重超出公司的承受能力。""其实，公司的年利润即使破产之前在同行业中也居前列，但年支出的数额接近利润额。最大的一项支出是员工的薪酬，接近总支出的 2/3。"

从总经理的反思之语中，我们是否可以吸取一些教训？该公司盲目扩大规模，而且为了吸引应聘者，设定了过高的薪酬水平，这必然导致企业负担过重。然而员工的薪酬一般说来是具有刚性的，短期内若缺乏合理的措施难以降低，为了支付高薪，公司不得不向银行借款，使得债务规模超过公司的承受力。

因此，企业在确定薪酬标准时，不能不考虑自身的负担能力。如果企业尚处于成长阶段，规模还不大，应该避免在竞争中与实力较雄厚的对手短兵相接。聪明的做法是探寻一条新的发展道路，使企业在保持自身实力的基础上获取最大收益。当然，企业的高层主管在考查人力成本时，不能仅看薪酬水平的高低，还要看员工的绩效水平。实际上，员工的绩效水平对企业产品竞争力的影响会大于成本因素。

此外，人力成本的影响还与行业的性质及成本构成有关。劳动密集型行业中，人力成本在总成本中的比重可高达 70%。这时，薪酬水平稍有提高，就会使企业的负担明显加重；但在技术密集型行业中，人力成本却只占成本的 8% ~ 10%，而企业中科技人员的工作热情与创新性，却对企业在市场中的生存与发展起着关键作用。

如果您的企业属于高科技产业，人力成本在总成本中的比重较小，那么可以将注意力集中于提高员工的士气和绩效上来，而不必过于计较薪酬的高低。但是，假如您的企业中员工很多，那么，要时刻关注薪酬水平，切不可使之超出企业的承受能力。

总的来说，薪酬设计要遵守经济原则，进行人力资本预算，把人力成本控制在一个合理的范围内。

✓ 薪酬体系设计的关键要素

在设计薪酬体系时，必须运用结构化思维，从整体架构上来考虑薪酬制度的设计，不能局限于单一的分配方式。不同的分配形式有其不同的作用，其对应的评价要素也不同。

我们知道，分配的形式有股金、工资、奖金、福利等。在设计薪酬体系时，要充分考虑如何组合各种分配形式，而不是孤立地来考虑工资或奖金。例如，总共有 10 万元可以分配，那么在分配形式上可以考虑发 7 万元工资和 3 万元奖金，也可以考虑发 3 万元工资和 7 万元奖金，这两种分配方式对员工的影响是不同的。由于一般情况下工资可变性小，奖金可变性大，因此发 7 万元奖金这种分配形式相对而言给员工造成的心理压力也大。

需要进一步指出的是，不同分配形式所对应的评价要素也是有所侧重的，如股金侧重对员工潜力的评价，工资侧重对员工能力的评价，奖金侧重对员工业绩的评价。尽管从某一分配形式来看，其评价内容不全面，但从整个分配体系上看，则充分考虑了各种评价要素，只是在不同分配形式中表现出来而已。

在薪酬体系设计时要充分考虑4个关键要素：

1. 奖励适当的人

"奖励适当的人"有两层意思：一是对股东、高层经营者、管理者、业务人员、操作工的分配权重如何设定，在所分配的大饼中各占多少比例，这对公司是否能在内部形成协调关系非常重要；二是指对各分配对象的哪些表现给予认可，如高层经营者的决策能力、管理者的组织能力、业务人员的专业能力和操作工的工作技能等。

2. 奖励适当的事

"奖励适当的事"指的是对各个分配对象做出的贡献以及贡献的大小给予评价。由于各分配对象贡献的形式不同，因此对他们的贡献的评价标准也不同，这就要求建立分类分层的绩效评价体系，使得分配更加客观和合理。

3. 奖励的水平适当

"奖励的水平适当"指的是奖励的量的多少。量太大，公司可能承担不起，而且相应提高了产品成本，使产品的市场竞争力有所下降；量太小，就起不到激励作用。因此，如何来把握量的大小也是薪酬体系应考虑的重要因素。

4.奖励的方式适当

"奖励的方式适当"指的是以工资、奖金、股金、福利的哪种方式来分配。对不同对象可考虑采用不同的分配形式组合，如对高层可加大股金的比重，对中层可加大奖金的比重，对基层可加大工资比重。

✓ 合理的薪酬模式

"员工更关心的是基本薪酬、奖金、津贴，还是福利？""能否降低基本薪酬水平，而相应提高其他项目和标准？""基本薪酬降低，会不会影响员工的工作热情？""在员工心目中，奖金重要，还是不表现为奖金的福利更重要？""如何才能将基本薪金、奖金、福利，以及津贴几个部分合理地结合起来，从而实现最佳效果？"以上这些问题，是人力资源经理经常思考的问题。

一些企业的很有发展潜力的员工提出辞职，而且市场上优秀人才的竞争日趋激烈。所以在当今新的经济条件下，企业的管理者不得不采用合理的薪酬来激励员工，稳住企业的优秀人才，怎么办呢？

这里，有3种模式可供您选择：

1.高弹性模式

这种模式，主要是根据员工的月绩效或年绩效来确定的。

若员工在某段时间内的绩效高，则薪酬高；反之，则薪酬低。如果在某段时间内，由于各方面的原因，员工的积极性降低，或是其他因素影响，导致员工的绩效降低，那么就支付较低的薪酬。在高弹性模式下，奖金和津贴的比重相对较大些，而福利、保险所占的比重要小些，在基本薪酬部分常常实行绩效薪酬、销售提成薪酬等形式。高弹性模式具有较强的激励功能，如员工工作热情不高或优秀人才流失，便可采用这种高弹性薪酬模式，加大绩效在薪酬结构中的比重，激励员工为企业做出更大贡献。这是一种高效的薪酬激励模式。

2. 高稳定模式

这种模式，员工的薪酬主要取决于工龄与公司的经营状况，与个人的绩效关系不大。因此，员工的个人收入相对稳定。薪酬的主要部分是基本薪酬，而奖金比重很小，而且主要依据公司经营状况及个人薪酬的一定比例发放或平均发放。这种模式有较强的安全感，但缺乏激励功能，而且公司人工成本增长过快，企业的负担也比较大。

目前，有许多企业仍然采取这种模式，企业的人工成本负担较重。这种模式激励作用差，会导致企业员工的积极性相对较弱。在现代市场经济中，企业一般不单独地采用这一模式，而是同时采用其他具有较好激励效果的薪酬模式。

3. 折中模式

从其名称中，我们便可猜出其特点。这种模式既有弹性，能够不断地激励员工提高绩效，同时又具有稳定性，给员工一种安全感，使他们关注长远目标。这的确是一种比较理想的模式，它需要根据公司的生产经营目标和工作特点以及收益状况，合理地搭配。

如果企业资金实力雄厚，而且人工成本占总成本的比例较小，那么在确定薪酬水平时，不要单纯注重基本薪酬而忽视增加奖金的比例。根据公司的实际情况，合理地组合薪酬的各个组成部分，使薪酬制度既具有激励性，又具有安全性。只有有效的薪酬模式，才能产生高效的激励，各个企业应根据自身的具体状况，确定相应的薪酬模式，达到高效激励员工的目标。

✓ 薪酬类型

企业需拟订一个固定的、有吸引力的报酬计划，用以吸引高素质的员工。员工总是喜欢有固定收入，尤其是那些新进员工更是如此。对成绩较好的给予奖励，对他们的经验和工龄，在支付报酬时也应给予充分公正的考虑。另外，企业也应尽可能做到控制、节省和简便。

1. 员工的工资构成

员工的报酬主要可以划分固定金额、变动金额、费用津贴、福利补贴等几项内容。

（1）固定金额是薪金，主要满足于员工对收入稳定性的需要。

（2）变动金额，主要包括奖金、红利或利润分成，用来刺激和奖励员工所作的较大的努力。

（3）费用津贴使销售代表员工有可能进行必要或需要的工作。

（4）福利补贴，则是用于提供安全感和工作满足感的。如提供员工休假工资、生病或意外事故时的福利、养老金以及人寿保险。通常企业实行的方法是将销售员总收入的70%加以固定，余下的30%由其他福利组成。这应该强调固定报酬，而当销售额呈周期性或同个人努力与否有很大关系时，则应强调变动报酬。

2. 纯薪金制

纯薪金制指的是员工每隔一定时间（通常每月），剔除销售额的影响均可得到一份固定的工资。但是，在此期间，如果员工不能促进销售或者获得足够的销售额，那么就很可能因为不胜任工作而被解雇。但是，如果员工的销售额超过应有的销售份额，企业也不会给员工增加工资。纯薪金制有几个优点：能够提供给员工稳定的收入，使他们更愿意去完成非销售活动，并非用刺激来增加对客户的销售。这对于企业来说，纯薪金制可以使管理简单化，从而降低员工的流动性。

这种薪金给付制度对于小型零售店企业更为适合，因为他们的工作只不过是在顾客需要时取货，并且很少有可能产生许多额外的销售额。

3. 纯佣金制

对于部分零售企业员工来说，实行纯佣金制，收入是按照销售额情况，给一定比率的佣金。佣金的比率，可以是所有商品的销售额均是同一个比率，同时也可以根据获利的不同来进行比率的确定。零售企业的员工拿纯佣金的，一般得到的纯佣金的比率为2%~8%。它的主要优点为：能够吸引更好的有能力的人员，提供更好的激励形式，减少督导和控制销售成本。

纯佣金制通常是很难实施的，要根据不同情况作一些修改和调整，在按规定比率支付直接酬金达不到规定的最低限度时，允许员工从日后的酬金中提取一定数量的工资，直至达到月规定数。

采用纯佣金办法存在的主要缺点是，会给员工的销售提供过多的鼓励，从而使他们为了多销售而损害企业在顾客心中的印象和日后长期的经营业务。

4. 混合制

多数零售企业，采用的是混合制，即支付薪金，加上根据整个销售额或者超过部分的销售额给一定比率的佣金。这里，固定的薪金通常比全部支付纯薪金要低一些，但是，如果加上佣金，整个收入要高一些。

这种制度的优点是不仅雇用人员的基本收入比较稳定，还能够鼓励他们执行非销售任务，鼓励他们不断地努力。

混合制报酬中的有关定额一定要得当。实行以定额为基础的提成办法，主要包括 4 个步骤：

（1）确定部门或单位的每月（或每周）定额。以过去的销售额为基础，按照情况变化或季节性的变化进行相应的调整。如果以往每周平均销售额为 8000 元，这个数字便可以作为定额。为促进销售，此定额应保持在所有员工均可达到的水平上。当然，这个水平应该是一般人通过努力便可达到的水平。

（2）确定固定工资。这种薪水通常以过去的工资比率为基础，根据竞争情况的不同来进行调整。如果这种比率为 7%，那么基本工资即按定额 7% 来确定。

（3）根据超过定额部分的销售额确定酬金比率。在实践中，这种酬金通常大大低于商店的平均工资，酬金比率定为 2%。在某种特定情况下，奖金应该为具体的钱数，而不是按超过定额部分的销售百分比计算的。

（4）各个时期不包含"新的开始"（非累积办法）。在某个时期未完成定额的员工，必须补足差额才有资格在下一个时期得到相应提成。在现代企业管理制度下，这种方法已经不常用了。

✓ 员工薪资管理范例

1. 员工薪资管理规范

（1）对于所有从业人员的薪资，应按其所派任职位、职务的繁简及责任的轻重，给予不同职等的薪资。

（2）本企业从业人员薪给，主要分 6 个等次，每个等次分为 16~20 薪级，各级别每月薪资的薪点数，应根据本企业规定，其中外务人员、营业主任薪资办法需要另行规定。

（3）给薪点的调整应在企业运营的适当期内。

（4）对于新派任各等职位人员，原则上均自所派任职位的职等第一薪级起薪，但有下列情形之一者，得提高其支薪薪级 1~2 级。

①其所具工作经验已超过该等所需专业工作 3 年以上。

②对于能力特别优异的员工，视为本公司急需的人才。

（5）各职位应符合该职位"最低资格条件"的规定。

（6）任新职后，应改支所调任职位的第一级薪级，如原支薪给已超过调任职位职等的第一级薪给，可改支较原支薪高一级的薪级。

（7）由高职等职位调任低职等职位工作，应改支该低职等与原支薪点最接近的薪级。

（8）经董事会核定，视企业每年年终的赢利状况，发给从业人员特别奖金。

（9）本规范的施行和修改都要经董事会通过后方可。

2. 职员待遇管理细则

（1）总则。

①应依照本办法规定职员的待遇事项。对于企业现任雇员依此执行。

绩效考核与薪酬激励
精细化设计及整体解决方案

②明确职员待遇项目。

③从待遇项目中扣缴款项要予以明确。

（2）薪资。

①职员薪资依任用等级按月支给 1 次。

②薪资不予扣减的情形有：

·依职员管理办法规定请假者。

·因公出差者。

·奉调受训者。

·奉派考察者。

·对于试用期员工起薪标准规定。

·职员的升职相关规定。

·职员年度考绩晋级基准日规定。

·对各级主管标准月支及职务加给要有明确规定。

·代理主管的职务加给标准。

·职员加班标准应符合加班费规定。

·加班次数的计算以每小时为 1 次；加班半小时以半次计算。但节假日在规定工作时间内以每 2 小时为 1 次。

·日班工作继续加班超过午夜 12 时者为彻底加班，除加班费照给外，需比照夜间轮班制的夜间工作，另支付夜班津贴。对于加班至次日凌晨 3 时半以后的情况，得于加班完毕后休息至当日中午，这种情况薪资照付。

（3）奖金的发放。

①本企业年度营业如有盈余，得把员工奖励金于年底前发放，依员工的考绩分配。其分配办法由总经理另定。

②确定员工奖金计算期。

③员工于年度中途到职、复职或申请停薪留职者，员工奖金依比例计算。

（4）补助费的发放。

①职员本人结婚时，经出具证明，可以申请结婚补助费。

②职员的父母、配偶或满10岁以上的子女死亡时，可申领丧葬补助费。

③对于职员本人或其配偶分娩或妊娠7个月以上死产的情况，如生育给付不及其当月月薪，经出具证明（死产者死产证明书），可就其差额申请生育补助费。

④本办法的施行和修改均需经董事会通过。

3. 员工奖励办法

（1）员工奖励总则。

①目的。凡在本公司长期工作的员工，或从事有益本公司之发明及改进，或具有特殊功绩者，均依照本办法授予奖励。

②种类。明确办法规定的奖励及各种奖励适合条件。

（2）奖励方式。

①方式。奖励方式确定，如奖金、奖状及奖品等。

②确定再奖励条件。

（3）颁奖。

①审查手续。对于应奖励的事项，由主管部（室）经理依据有关文件向总务经理进行申请。

②员工奖励审查委员会。由员工奖励审查委员会负责办理，并确立奖励种类及等级之评定。审查委员会由副总经理担任主任委员，企划经理、总务经理、业务经理、财务经理、事务经理及副经理担任委员。主办单位是总务部。

③奖励的核定及颁发。由总经理室决定奖励的核定及颁发。

④颁奖日期。一般情况是每年1次，可于本企业成立的纪念日颁发。

4. 劳动保护管理制度

（1）特殊岗位津贴。

①噪音污染津贴：凡在工作环境噪声超过国家规定标准工作的员工，按其实际在岗工作天数，发放标准为月工资15%的噪音污染津贴。

②高温作业津贴：在厨房、洗衣房等高温环境工作的员工，每人在夏季除享受与其他员工同等的防暑降温费外，另享受标准为月工资25%的高温作业津贴。

③高空作业津贴：在高空作业的员工，根据高空作业的实际天数，发放标准为月工资30%的高空作业津贴。

④室外作业津贴：长年在室外工作的员工，除享有必备的防寒防暑用品外，另享受室外作业津贴，标准为月工资的15%。

（2）加班津贴工资。

①必须严格按企业的考勤制度安排员工加班。原则上加班给予同等时间的补休，如果因为工作需要无法进行补休的，必须由人事部报总经理批准后方可发给加班工资。

②员工离店须将所有存休休完，如果未能休完，经部门经理及人事部经理批准，剩余存休可发给加班工资。

（3）夜班津贴。

凡当日工作时间超过晚上 11：00 的员工，可享受夜班津贴。

（4）发放办法及时间。

①各种津贴要严格掌握，并逐日逐班次进行统计，禁止弄虚作假。相应津贴的变化随员工工作环境变化而变化。

②各部门考勤员必须严格按照规定的时间执行，将本部门"员工福利津贴统计表"随"员工考勤表"一道报人事部，由人事部审核后方可进行发放。

✓ 公司薪金管理制度范例

第一章　总则

第一条　为使本公司员工的薪金管理规范化、国际化，特制定本制度。

第二条　本公司有关职薪、薪金计算、薪金发放，除另有规定外，均依本制度办理。

第三条　本公司员工的职薪，依其学历、工作经验、技能、内在潜力及其担任工作的难易程度、责任轻重等综合因素核发。

第四条　本公司顾问及特约人员、临时人员薪金，根据其实际情况另行规定或参考本制度核发。

第二章　员工薪金类别

第五条　本公司从业员工薪金含义如下：

1. 本薪（基本月薪）。

2. 加给：主管加给、职务加给、技术加给、特别加给。

3. 津贴：机车津贴、伙食津贴、加班（勤）津贴和其他津贴。

4. 奖金：全勤奖金、绩效奖金、年终奖金和其他奖金。

第六条　从业员工薪金分项说明如下：

1. 本薪：本薪乃基本月薪，其金额根据"职薪等级表"的规定核发。

2. 主管加给：凡主管人员根据其职责轻重，按月支付加给。

3. 职务加给：凡担任特殊职务人员根据其职务轻重，按月支付加给。

4. 技术加给（特别加给）：凡担任技术部门或在其职务上有特别表现的人员，酌情支付技术加给（特别加给）。

5. 伙食津贴：凡公司未供应伙食者，均发给伙食津贴。

6. 机车津贴：凡业务部外勤人员自备机车者，均发给机车津贴。

7. 加班津贴（加勤津贴）：凡于规定工作时间外延长上班时间，按实际情况酌情支付加班津贴，或按时计发加班津贴。若于休假日照常出勤而未补休者，按日发给加勤津贴。

8. 其他津贴：凡上述各项本薪、奖金、津贴以外的津贴，其发给均要由单位主管会同人事单位商定支付。

9. 全勤奖金：每月除公司规定的休假日外，均无请假、旷工、迟到、早退记录的人员，应给予全勤奖金。

10. 绩效奖金：凡本公司员工，均享有绩效奖金支领权利，其办法另行规定。

11. 年终奖金：凡本公司员工，年终奖金由董事会根据公司利润情况及员工年度考绩等级核给，其办法另行规定。

12. 其他奖金：包括个人奖金、团体奖金或对公司有特别贡献的奖金，均由董事会支付。

第三章　员工薪金管理

第七条　从业人员的薪金计算时间为报到服务之日到退职之日，对于新任用及辞职的员工，当月薪金均以其实际工作天数乘以当月薪给日额。若是下旬 26 日以后报到的新进人员，为了便于薪金作业，合并于下月份发给薪金。

第八条　从业人员在工作中，若遇职称调动、提升，从变更之日起，适用新职等级薪金。

第九条　兼任下级或同级主管者，视情形支给或不支给特别加给。

第十条　较低级的员工代理较高级之职称时，仍按其原等级本薪支给，但支领代理职称的职务加给。

第十一条　有关本公司各职等人员考勤加薪规定按国际企业雇员考勤管理制中有关条款计算。

第四章　员工薪金发放

第十二条　从业人员的薪金定为每月5日发给上月份的薪金，除另有规定外，应扣除薪金所得税、保险费以及其他应扣款项。

第十三条　从业人员领薪时必须本人亲自签章领取，如有特殊原因，不能亲自领取时，由部门主管代领。

第十四条　领薪时，须将钱数点清，如有疑问或错误，应尽快呈报主管求证，以免日后发生纠纷。

第十五条　退职人员薪金于办妥离职及移交手续后的发薪日发给，如遇有特殊情况，经批准后在退职日当天核发。

第五章　员工晋升管理

第十六条　从业人员晋升规定如下：

（1）效率晋升：凡平日表现优秀、情况特殊者由主管办理临时考绩，给予效率晋升，效率晋升包括职称、职等、职级晋升3种。

（2）定期晋升：每年1月1日起为上年度考绩办理期，每年3月1日为晋级生效日，晋级依考绩等次分别加级。

（3）本公司特殊职务人员（专员、特助）其晋升等级最高不得超过本公司主管之职等。

（4）从业人员在年度内曾受累计记大过一次处分而未撤销者，次年内不得晋升职等。

第六章　附则

第十七条　"职薪等级表"的金额及各项加给、津贴，可根据近期市场的物价波动及公司财务状况作适当弹性调整。

第十八条　本制度经董事会核准后实施，修正时亦同。

第八章

以激励为导向的薪酬体系

多数员工多数时候需要以薪换心

在对员工进行行为激励的过程中企业要充分认识到，企业员工对高收入以及优厚报酬的追求是永恒的，企业只有在充分认识到员工的物质需求后才能进行有效的激励。而企业人力资源管理应遵循的一个基本原则就是，不断满足员工日益增长的物质需求。

虽然拿破仑说"金钱并不能买来勇敢"，但为了保持部队的士气，他还是慷慨地给立下赫赫战功的官兵丰厚的物质奖赏。单单在征服普鲁士、打败沙俄、签订《提尔西特和约》后，拿破仑就一次奖励给内伊元帅30万金法郎、贝尔蒂埃元帅50万金法郎、达乌元帅100万金法郎，其他参战的元帅和军官也都获得了不同等级的奖赏。

在经营管理史上，首先用高薪的是福特汽车公司的奠基人亨利·福特，而他也用高薪赢得了高效。在引进流水线来生产汽车后，福特进行了一项创新：每天支付给员工5美元的工资。当时美国人的平均日工资大约是2美元，听到这个消息很多人嘲笑他："福特疯了，如此高的工资水平会使他破产的！"但是，福特工厂外面的求职者却因为5美元的日工资而排起了长队。

其实，这5美元含金量是不言而喻的，尽管工资大大提高，福特公司的生产成本竟然还是减少了。正如福特所说："这是我们所做出的最成功降低成本的方法之一。"福特高工资的决策与采用流水线生产方式是密不可分的。因为用流水线组织起来的工人彼此间是高度依赖的，假如一个工人旷工或工作缓慢，其他工人就无法完成他们的任务。所以说，这种生产方式需要高素质的工人，而且要员工保证出勤率。为了达到以上几点要求，最好的手段莫过于给员工支付高薪。实践证明，福特公司工人的流动率下降了，缺勤率下降了，生产率大大提高了。

与福特公司一样，美国跨国公司辉瑞制药有限公司的成功也是源于给员工高薪。辉瑞制药有限公司中国区人力资源总监在接受记者采访时曾说："作为一名在辉瑞工作多年的员工，辉瑞吸引我的主要原因之一就是它可以满足我的物质需求，通过在辉瑞的工作，我可以有不错的收入来维持我的家庭稳定并且过着体面的生活。其实，员工为什么在这家公司工作，说到底是公司可以满足他们的期望。很多管理者擅用权威式的领导让员工服从，实际上这样做不仅抑制了员工的工作热情，而且这种方法也只适用于少部分的员工。让辉瑞的员工忠心耿耿的秘诀在于让员工满意。其中，满足员工物质的需求是一个重要因素。"

《史记·货殖列传》说："天下熙熙，皆为利来；天下攘攘，皆为利往。"说的就是人们忙忙碌碌所追求的就是一个"利"字。上海有一家公司，由于技术不过关，某一个产品始终无法面市，公司进退两难。该公司决定招聘技术方面的专家，但懂得该技术的人屈指可数。后来公司领导听说广州一家公司的总工程师有相关技术，于是派人游说这名总工程师，并许诺工资比他原公司高3倍。然而，这个工程师所在公司为留住他这个顶梁柱，也许诺加薪。上海公司的经理想了一下说："无论广州公司出多少钱留他，再加3倍就是我们的条件。"最后顺利地把工程师挖到了手，技术问题得到了很好的解决，公司赢得了丰厚的利润。

在现代企业管理中，金钱是员工的最根本的需求之一，企业要想活力持久就要以"薪"换心。无论对谁，更高的收入总是很有诱惑力的。不管管理者用多么好听的言辞表示感谢，员工最终期望的还是得到自己应得的那部分，让自己的价值得到体现。

✓ 给员工高薪时，企业成本最低

"当你给员工高薪时，你的企业成本是最低的！哪怕你只比第一、第二位的高出一点点，效果也会非常明显！"2008年1月15日，在《赢在中国》第三赛季36进12第三场节目现场，已连续两个赛季担任《赢在中国》36进12评委的史玉柱在点评11号选手时说出上述的话。

史玉柱的一席话立即博得了现场一片热烈的掌声。事实上，他是这样说的，也是这样做的。对此，史玉柱作出了细致的分析："当你给员工高薪时，表面上看仿佛增加了企业成本，实际不然。我这些年试过了各种方法，但最后发现，高薪是最能激发员工工作热情的，也是企业成本最低的一种方式。"

在珠海巨人集团时代，史玉柱一直实行军事化管理，后来他渐渐明白一个道理：大多数员工的使命是打工挣钱，养家糊口。军人有对国家和民族效忠的义务，但员工没有对老板效忠的义务。

在脑白金时期，史玉柱在员工待遇方面的做法是：重点技术人员不受公司级别制度限制，只要技术能力强，就能得到高额报酬。后来，做网游时，史玉柱将这套模式运用到了游戏团队中，他说："游戏团队的薪水我不管，由管理层定，工资是一事一议，开多少钱评估一下，值得就给，不受任何等级限制。"

史玉柱的做法，让研发人员感觉到，巨人网络给他们的报酬绝对在整个行业居于前列。在《征途》开发过程中，史玉柱出手颇为大方，给整个研发团队开出了很高的工资。他还指出了网游行业的弊端。他认为：这个行业的员工比其他行业更计较钱。《征途》游戏某负责人曾确认，这个20人的研发团队在当时的薪水、所占期权与同行业相比是非常高的，相比《征途》后来的其他研发人员而言，都要高出许多。

薪酬激励并非盲目地给员工高薪，能否有效地运用好这一措施，使员工发挥最大的工作效能，才是最关键的。史玉柱给《征途》的研发人员高薪，可以很容易地保留重点员工和业务骨干，这种做法对于高科技公司非常有效。在这个行业，通常80%的业绩是由20%的精英完成的，少数骨干决定了公司的发展。

当然，只注重少数骨干却对其他员工不理不问，其他员工会觉得不公平，也会引发矛盾。巨人网络上市后，在公司内部的庆功宴上，史玉柱宣布了两个消息，一个是给公司员工每人发一枚金币，另一个是给公司所有员工加工资，一个也不少。此后，史玉柱在接受媒体采访时说："刚做这家公司的时候，同行业都看不起我们，到现在，我们已经成为这个行业内市值最大的公司了，大家精神上非常开心，待遇上，我们给所有的骨干、所有的研发人员发了期权，上市后他们马上就可以衡量出他们期权的价值，我们现在一下子诞生了 21 个亿万富翁，还有近 200 个百万以上的富翁，大家可以改善自己的生活。"

从史玉柱的做法和谈话中，我们可以感觉到，将薪酬奖励与内在激励机制良好地结合起来，就会为企业带来更好的效益。尽管薪酬并非激励员工的唯一手段，但它是一个非常重要、最容易被运用的手段。相对于内在激励，企业管理者更容易运用薪酬激励的方法，而且也较容易衡量其使用效果。

美国哈佛大学教授威廉·詹姆士研究发现，在缺乏科学、有效激励的情况下，人的潜能只能发挥出 20% ~ 30%，科学有效的激励机制能够让员工把另外 70% ~ 80% 的潜能也发挥出来。所以企业能否建立起完善的激励机制，将直接影响到企业的发展。

人才是企业的基石。在全球经济一体化的今天，人才问题被企业提到了更高的位置。怎样识别人才、留住人才，是摆在企业家面前的一个非常严峻的问题。放走一个人才，不仅事业受损，还有可能为自己增加一个竞争对手，这样的道理谁都懂，但要想很好地解决人才问题，很难找到一举多得的方法。如何让人才为企业打拼？他们凭什么会去打拼？史玉柱给出了他自己的一些经验。

✓ 巧妙用好薪酬指挥棒

薪酬的高低，实际上不仅仅取决于个人的能力，还与发展机遇等因素有关。人们普遍的心理是：单位发的工资高，说明效益好，有发展潜力，在这样的企业工作，自然个人也能做出一番事业；相反，单位发的工资较低，则说明企业的经营状况欠佳，个人也不会有多大发展。

这种想法导致的直接后果是，薪酬水平高，则员工的工作热情高，为了保住这份工作，他会努力工作。在企业内部，员工之间也会互相攀比，不同的部门之间，同一部门的不同职位之间，都普遍存在这种攀比心理。难道他们真的是因为比别人少拿几十元钱而斤斤计较吗？不，不是。从单纯薪资相差的数字来看，几十元钱不算什么。但是，在员工的心目中，比别人少拿的几十元钱是工作业绩、能力不如别人的象征。这正是企业的高层主管运用薪酬这个机制激励员工的心理基础，也是薪酬管理的基本出发点。把握员工的微妙心理，是一个优秀的高层主管所应具备的能力与技巧。

毋庸置疑，薪酬的力量是巨大的，薪酬绝不仅仅是一种金钱回报，它还代表着员工个人的地位和荣誉。当今企业的竞争是高技术的竞争，随着技术的日新月异，产品的生命周期越来越短，这就需要企业加快新产品的开发，适应高科技的发展要求，而新产品的开发靠的是掌握高科技的人才，说到底当今企业竞争的焦点是人才的竞争。用有效的激励措施，尤其是适合企业各方面条件的薪酬激励才会留住人才，让他们大展身手。这样企业须在激烈的市场竞争中纳入按业绩付酬的制度。

另外，专家建议，管理者应该了解企业内各种激励因素的作用。任何激励都包含了3个因素：货币价值、表彰价值（对员工业绩表示认可的奖励因素）以及激励价值（促使员工想付出更多的奖励因素）。但是，多数企业过分重视第一个因素而忽视了另外两个更为重要的因素。

总之，金钱能否激励员工，并不取决于金钱本身，而在于企业管理者如何使用金钱，如何设计出具有激励性的薪酬体系。

✔ 薪酬体系设计的步骤

薪酬体系设计的要点，在于对内具有公平性，对外具有竞争力及对个人贡献的公正评价。

1. 调查公司现状，明确公司薪酬原则与策略

（1）收集公司现阶段状况的资料，包括组织结构、各职能部门设置的出发点及其功能、各职能部门如何定位、其现有人

员的考核标准和奖惩制度关联度。

（2）掌握并分析公司现行薪酬体系的结构框架，包括工资总额构算（年度薪酬总额与销售收入的关系或所在比例）及在各职能部门间的分配比例，透视各类部门工资最高、平均、最低水平，工资构成（不同职能是否有不同的构成成分、这些构成成分有哪些、比重如何，福利现状等），以及员工入职时间、学历等因素与工资的关系等。

（3）了解公司现阶段在市场上的定位和希望达到的目标，以及其发展阶段特征和其自身战略需求，了解并明确目前公司工资政策。

2. 进行工作分析

作工作分析，是为了形成职位说明书，这样可以为包括薪酬管理在内的整个人力资源管理提供有价值的基础信息，所以它是一项至关重要并非常基础性的工作。

如果公司有现成的职位说明书，可以将原有的拿出来做归类，并根据公司的战略导向及新政策要求再作分析。职位说明体系，必须充分体现公司的战略导向，使员工对职位的责任、贡献及所需努力大小等重要内容有统一理解。这有利于建立公平合理的、体现内部一致性的薪酬制度。

工作分析最好是能由高层牵头，在组织内部找出各职能部门的专业人员代表以职位为对象，通过多渠道收集并分析与职位有关的资料，如职位和任职者概况、工作概述、工作职责、内外部关系、工作条件、必要的资格条件等信息，最后形成简明而有系统的职位说明书。

为了既保证薪酬体系的灵活性，又保持薪酬管理的相对稳定性，避免由于个别岗位的薪酬变化而引起其他岗位员工的不平衡心理，引起不必要的冲突和风波，引入职位簇群的方法，即职位体系评估和分类。也就是利用原来的职务分析，明确组织有哪几种类型的职务以及任职所需要的资格要求，按照职务性质的相似性划分职位簇群，并在每个职位簇群内利用因素计点法对职务进行评分，最后按分数的高低划分出若干层级，由此建立好职位族平台。职位簇群的设置是相对稳定的，一般不随组织结构、职位的变动而发生变化。职位簇群及其层级具有一定的概括性和包容性，一个职位簇群的层级往往可以对应十几个甚至几十个职务。职位簇群对职务进行分群管理，这样便于每个职位簇群的工资区段直接与外部人力资源市场比较，可以分职位簇群确定不同职位簇群的薪酬定位和相关政策，而不必因某些专业领域的市场价格发生较大波动而调整公司整体的薪酬水平，这不仅增强了薪酬体系的灵活性、外部市场竞争力和内部的稳定性和公平性，也有效地帮助公司减少了工作量，节省了时间和管理成本。

3. 职位评价

职位评价重在解决薪酬的对内公平性问题。

根据若干报酬因素（通常包括：受教育程度、工作知识、工作经历、工作责任、工作努力程度、工作难度、工作条件等），建立起一个涵盖组织中所有岗位的等级序列，来对公司中若干标杆职位的价值进行评估，然后再将组织中其他职位与这些标杆职位相对照。

为进行薪酬调查建立统一的职位评估标准，消除不同公司间由于职位名称不同，或即使职位名称相同但实际工作要求和工作内容不同所导致的职位难度差异，使不同职位之间具有可比性，为确保工资的公平性奠定基础。它是职位分析的自然结果，同时又以职位说明书为依据。

职位评价的方法有许多种：工作排序法、职务分类法、因素比较法、因素计点法、海氏三要素评估法等，而这些方法都是基于报酬因素来量化排列的。公司可根据实际情况，来选择其一进行。

4. 薪酬调查

薪酬调查重在解决薪酬的对外竞争力问题。

公司在确定工资水平时，需要参考劳动力市场的工资水平。公司在自身条件允许的情况下，可以委托比较专业的咨询公司进行这方面的调查。一套完整的薪酬福利的统计数据和薪酬实务调查报告。完整的薪酬调查报告，包括以下 3 部分：

（1）基本情况概述，包括所调查公司的常规数据、调查方式和过程、所调查的每个职位的简要职位说明、报告概览等。

（2）薪酬调查的数据，要有上年度的薪资增长状况、不同薪酬结构对比、职位薪酬水平、奖金和福利状况、长期激励措施以及未来薪酬走势分析等。

（3）福利与人力资源实务，包括薪酬管理、绩效管理、招聘和留任、员工培训和职业发展、人工成本管理和税收影响、福利管理等。

薪酬调查的结果，是根据调查数据绘制的"薪资线"。在职位等级—工资等级坐标图上，薪资线是利用所收集到的各公司的关于各标准价值的职位的薪资，通过回归分析及"最小平方法"所得到的一条集中趋势线。从这条线，某家公司可以直观地找出其薪酬水平与同行业相比，处于什么位置。

另外，公司还应在适当的时期，针对不同层次的员工和不同职群的员工进行内部调查，掌握其满意度及需求动向。

5. 薪酬定位

在分析同行业的薪酬数据后，需要做的是根据公司状况选用不同的薪酬水平。

看公司发展阶段决策的薪酬分配总额情况，各个职群分配比例可能会有所不同，如主流、关键职群可能会给予极具竞争力的一定百分比的上调，一些则保持不变。但可在薪酬结构上作改变，使其组成成分有机，理顺工资结构方便日后员工发展晋升，各职群的结构及组成又是不一样的。例如，营销：基本工资＋提成；行政管理：基本工资＋浮动工资；生产技术：计量制，都含有不同的绩效考核成分。

影响公司薪酬水平的因素有：

（1）从公司外部看，国家的宏观经济、通货膨胀、行业特点和行业竞争、人才供应状况甚至外币汇率的变化，都对薪酬定位和工资增长水平有不同程度的影响。

（2）在公司内部，赢利能力和支付能力、人员的素质要求是决定薪酬水平的关键因素。公司发展阶段、人才稀缺度、招聘难度、公司的市场品牌和综合实力，也是重要影响因素。

6. 薪酬结构设计

报酬观反映了公司的分配哲学，不同的公司有不同的报酬观。公司应特别注重其分配方式要与自身的行业特点、公司文化相一致。

确定人员工资时，要综合考虑三个方面的因素：职位等级、个人的技能和资历、个人绩效。在工资结构上与其相对应的分别是：职位工资、技能工资、绩效工资。一般将前两者合并考虑，作为确定一个人基本工资的基础。

确定职位工资，需要对职位作评估；确定技能工资，需要对人员资历作评估；确定绩效工资，需要对工作表现作评估；确定公司的整体薪酬水平，需要对公司赢利能力、支付能力作评估。

一般最合理也最复杂的工资结构制度是采用职能工资制（职能资格等级工资），根据员工的职务执行能力，按资格等级确定工资，它综合了职位工资与年资工资，前面所作的职务评价为其提供依据。

在绩效考核方面，也与职位评价相挂钩，主要是引导各职能部门对其内部实施考核，人力资源部门配合，不同职能不同的绩效考核指标，绩效考核指标（KPI）的制定一般是自上而下，与公司战略目标相配套的。绩效考核是相当复杂及重要的一环，对员工的工作热情有直接作用。这要在对公司运营状况作全面深刻了解后而为之。

7. 薪酬体系的实施和修正

在确定薪酬调整比例时，要对总体薪酬水平做出准确的预算。此测算最好同时由财务部与人力资源部来做。因为财务部门并不清楚具体工资数据和人员变动情况。人力资源部需要建好工资台账，并设计一套比较好的测算方法。

在制定和实施薪酬体系过程中，及时的沟通、必要的宣传或培训是保证薪酬改革成功的因素之一。从本质意义上讲，劳动报酬是对人力资源成本与员工需求之间进行权衡的结果。

在适当的时期，公司有必要对员工薪酬需求及满意度情况进行调查，借以了解员工对目前公司薪酬管理调整的真实观点及对未来薪酬管理调整的想法。因此，公司需要设计相应的调查问卷，该问卷通常由被调查者基本信息、对薪酬的评价、薪酬改进建议三部分组成。这项调查结果可用来确定公司薪酬体系的基本组成。

理顺财务性报酬的同时，要对员工实施国家固定福利。之后再来制订福利规划，对不同层级的员工制订不同的办法，适当进行员工调查，了解员工需求。根据公司的实际情况，引入新的薪酬福利概念，如自助福利计划等。

✓ 薪酬体系的调整

　　企业薪酬体系在运行一段时间以后，随着企业经营业务的变化而产生用人政策的变化，往往使得现行的薪酬体系难以适应企业业务运营的需要，这时企业就必须对现有的薪酬体系进行全方位的检测，以确定相应的调整措施。这主要包括两个方面：一是薪酬体系本身的调整；二是相应员工薪酬的调整。

1. 薪酬调整的策略基础

　　在进行薪酬体系调整时，我们除了要考核薪酬设计的"三公"（内部公平性、外部公平性、人员与岗位公平性）外，还必须考虑以下因素来综合思考薪酬的调整策略。

　　（1）人才市场的定位。

　　公司对核心人才的需求层次。充分考虑企业的产业特点、技术研究、经营方式以及参与市场人才竞争等因素，明确企业在国内同类行业中人才市场定位，以建立薪酬外部竞争力。

　　（2）吸引人才、激发潜能的薪酬水平。

　　依据人才的市场定位，企业为了留住、吸引及激发人才，企业须针对同类行业的市场薪酬数据确定市场薪酬曲线的分位线。

　　（3）经济承受能力。

　　企业有竞争力的薪酬调整策略必须以企业的经济承受力为

基础，否则，将失去整个薪酬调整的坚实基础。因此，企业在对每个岗位薪酬级别与福利等项确定以后，对薪酬总量进行测算，以满足在提供有竞争力薪酬的同时，能有充足的资金支撑公司的经营发展。

2. 薪酬体系的调整

（1）薪酬水平的调整。

薪酬水平的调整，是指薪酬结构、等级要素、构成要素等不变，调整薪酬结构上每一等级或每一要素的数额。

在薪酬水平的调整中，除了贯彻薪酬调整指导思想之外，还要处理好以下关系：

①选择调整战略和新的政策。企业总体薪酬水平的主要作用是处理与外部市场的关系，实现一种能够保持外部竞争力的薪酬水平。为了贯彻新的薪酬政策而进行的薪酬调整，反映了企业决策层是否将薪酬作为与外部竞争和内部激励的一个有效手段。

公司也可实行领先薪酬水平对策，将薪酬水平提高到同行业或同地区市场上整个薪酬调整期内都可以维持的优势水平。在制定领先的薪酬水平政策时，可以暂时不考虑企业当前的财务状况，不要单纯把薪酬作为一种人工成本投入，而要作为一种战略投资或者风险投资进行设计。具体为，如果企业调薪的期限是每隔一年，预计当前市场薪酬年增长率为10%，那么企业薪酬增长率就必须高于10%，在下一个调整期到来之前，薪酬水平仍然不落后于市场水平。

②重视经验曲线规律。对不同岗位和员工实行有区别的调整政策。经验曲线是指随着时间的增加，某个人对某个岗位、某项工作的熟悉程度、经验积累乃至感情会越来越深，从而有利于员工改进工作方法，提高工作效率，更好、更合理地完成本员工作。但是这种经验不是永远增加的，随着时间的推移，经验的积累也将越来越慢，直至停止。经验曲线在不同性质的工作之间的作用程度和积累效应是不同的，一般而言，技术含量高的工作经验曲线的积累效应大；反之则小。例如，从事技术工作的员工，随着年限的延长和经验的积累，其研究和开发能力会逐步提高。因此，越是简单、易做的工作，其经验积累得越快，并且这种经验也将很快达到顶峰，不再继续增加。如果工作本身难度很高，需要较强的创新精神，那么这种经验的积累速度将是十分缓慢并且是长期的，这种经验只要稍微有所增加就可以促进员工能力和工作效率的大幅度提高。

因此，薪酬增加应该尊重经验曲线规律的作用，主要体现在经验曲线效应较强的工作，随着时间的推移，从事这些工作的人员的薪酬需要上涨，而且在曲线上升期间，薪酬不仅应该增加，而且应该按照递增的比例增加；到经验曲线下降或者不起作用之时，可以适当地降低薪酬增长幅度或者采取其他激励方式。对于经验曲线效应不强的简单工作，例如，熟练工和后勤人员等，其技能与工作经验之间的相关性不强，薪酬调整可以不必过多地考虑经验与增资之间的关系。

（2）薪酬结构的调整。

薪酬结构的调整包括纵向结构和横向结构两个领域。纵向结构是指薪酬的等级结构，横向结构是指各薪酬要素的组合。

纵向等级结构常用的调整方法包括：

①增加薪酬等级。增加薪酬等级的主要目的是将岗位之间的差别细化，从而更加明确按岗位付薪的原则。等级薪酬制是与以岗位为基础的管理制度相连的，是一种比较传统和正规的管理模式。薪酬等级增加的方法很多，关键是选择在哪个层次上或哪类岗位上增加等级，例如，是增加高层次还是中、低层次的岗位；是增加管理人员的等级层次，还是一般员工层次，增加以后，各层次、各类岗位之间还需要重新匹配，调整薪酬结构关系等，这些都要慎重考虑。

②减少薪酬等级。减少薪酬等级就是将等级结构"矮化"，是薪酬管理的一种流行趋势。目前倾向于将薪酬等级线延长；将薪酬类别减少，由原有的十几个减少至3～5个；在每种类别，包含着更多的薪酬等级和薪酬标准；各类别之间薪酬标准交叉。薪酬等级减少的直接结果是薪酬等级"矮化"，即合并和压缩等级结构，其优点在于：第一，使企业在员工薪酬管理上具有更大的灵活性；第二，适用于一些非专业化的、无明显专业区域的工作岗位和组织的需要；第三，有利于增强员工的创造性和全面发展，抑制员工仅为获取高一等级的薪酬而努力工

作的倾向。

③调整不同等级的人员规模和薪酬比例。公司可以在薪酬等级结构不变动的前提下，定期对不同等级的人员数量进行调整，即调整不同薪酬等级中的人员规模和比例，实质是通过岗位和职位等级人员的变动进行薪资调整。例如，通过对高、中、低不同层次的人员进行缩减或增加，可以达到3个目的：一是降低薪酬成本，二是增强企业内部的公平性，三是加大晋升和报酬激励。具体做法有：

其一，降低高薪人员的比例。主要是为了采取紧缩政策，降低企业的薪酬成本。因为一个高级管理人员的收入往往是低级和中级员工的数倍，甚至是数十倍。通过控制薪酬成本，减少高级员工，降低其薪酬和福利待遇，降低企业薪酬支出。

其二，提高高薪人员比例。企业为了适应经营方向和技术调整，增加高级管理人才或专业技术人才而采取的政策。如在激烈的市场竞争中，一些采取经营者年薪制的企业，之所以不惜花重金雇用高级经理人员，是因为企业的竞争力主要取决于两方面：一是高级管理人员具有长远的战略眼光，二是高级管理班子具有稳定性。这两个因素是制订高级人员薪酬计划和实行年薪制的主要依据。

其三，调整低层员工的薪酬比例。一般是通过变化员工的薪酬要素降低员工的薪酬水平，例如，压低浮动薪酬，升高奖励标准，使得员工在一般情况下，只能获得基本薪酬，很难获得奖金和浮动薪酬；或者在薪酬水平不变或增加幅度不大的情况下，延长工作时间，减少带薪休假，提高工时利用率等。

（3）薪酬要素构成的调整。

横向薪酬结构调整的重点是考虑是否增加新的薪酬要素。在薪酬构成的不同部分中，不同的薪酬要素分别起着不同的作用，其中，基本薪酬和福利薪酬主要承担适应劳动力市场的外部竞争力的功能，而浮动薪酬则主要通过薪酬内部的一致性达到降低成本与刺激业绩的目的。

薪酬要素结构的调整可以有两种方式：一是在薪酬水平不变的情况下，重新配置固定薪酬与浮动薪酬之间的比例；二是通过薪酬水平变动的机会，增加某一部分薪酬的比例。相比之下，后一种方式比较灵活，引起的波动也小。员工薪酬要素结构的调整需要与企业薪酬管理制度和模式改革结合在一起，使薪酬要素结构调整符合新模式的需要。

3. 员工薪酬的调整

（1）效益调整（普调）。

当企业效益好，赢利增加时，对全员进行的普遍加薪，但以浮动式、非永久性为佳，即当企业效益下滑时，全员性的报酬下调也理所当然。但需注意的是，报酬调整往往具有"不可逆性"。

（2）业绩性调整。

奖励性调整是为了奖励员工做出的优良工作绩效，鼓励员工继续努力，再接再厉，更上一层楼，也就是论功行赏。

（3）职位晋升（技术等级晋升）。

（4）岗位调换。

（5）试用期满调薪。

（6）工龄调整。

工龄调整要体现对公司贡献积累的原则，鼓励员工长期为公司服务，增强员工对企业的归属感，提高企业的凝聚力。

（7）特殊调整。

这里指企业根据内外环境及特殊目的而对某类员工进行的报酬调整。如实行年薪制的企业，每年年末应对下一年度经营者的年薪重新审定和调整，企业应根据市场因素适时调整企业内优秀人才的报酬以留住人才等。

✔ 如何提高员工对薪酬管理的满意度

薪酬管理是人力资源管理中一个难点，薪酬管理政策也是公司员工最关心的公司政策之一。在制定新的薪酬政策时，人力资源部门会广泛深入地进行各种调查，并与上级领导反复讨论，多次修改。虽然薪酬管理是人力资源部门最牵扯精力的事情，但结果却常常不能让员工满意。

1. 薪酬管理的困难所在

薪酬管理是人力资源管理学中理论与实践相差距离最大的部分。学习薪酬管理方面的理论知识对人力资源经理的帮助几乎是微不足道的。之所以如此，主要是因为薪酬管理有以下三个特性：

（1）敏感性。

薪酬管理是人力资源管理中最敏感的部分，因为它牵扯到公司每一位员工的切身利益。特别是在人们的生存质量还不是很高的情况下，薪酬直接影响着他们的生活水平；另外，薪酬是员工工作能力和水平的直接体现，员工往往通过薪酬水平来衡量自己在公司中的地位，所以每一位员工对薪酬问题都会很敏感。

（2）特权性。

薪酬管理是员工参与最少的人力资源管理项目，它几乎是公司老板的一个特权。老板，包括企业管理者认为员工参与薪酬管理会使公司管理增加矛盾，并影响投资者的利益。所以，员工对于公司薪酬管理的过程几乎一无所知。

（3）特殊性。

由于敏感性和特权性，所以每个公司的薪酬管理差别会很大。另外，由于薪酬管理本身就有很多不同的管理类型，如岗位工资型、技能工资型、资历工资型、绩效工资型等，所以，不同公司之间的薪酬管理几乎没有参考性。

2. 满意度的重要性及决定因素

员工对薪酬管理的满意程度是衡量薪酬管理水平高低的最主要标准。让员工对薪酬满意，使其能更好地为公司工作，是进行薪酬管理的根本目的。员工对薪酬管理的满意程度越高，薪酬的激励效果就越明显，员工就会更好地工作，于是就会得到更高的薪酬，这是一种正向循环。如果员工对薪酬的满意程度较低，则会陷入负向循环，长此以往，会造成员工流失。

员工对薪酬管理的满意度，取决于薪酬的社会平均比较和公平度。

社会平均比较是指员工会将自己的薪酬水平与同行业同等岗位的薪酬进行比较，如果发现自己的薪酬高于平均水平，则满意度会提高；如果发现自己的薪酬低于平均水平，则满意度会降低。薪酬管理的主要工作之一就是对岗位的价值进行市场评估，确定能吸引员工的薪酬标准。

公平度是指员工把自己薪酬与其他员工薪酬进行比较之后感觉到的平等程度。提高公平程度是薪酬管理中的难点。实际上，人力资源部门不可能在这一点上做到让全体员工满意。许多公司之所以实行薪酬保密制度，就是为了防止员工得知其他员工的薪酬水平后，降低对薪酬管理公平度的认同。如果没有对公平度的认同，员工也很难会去认同薪酬与绩效间的联系，从而降低绩效考评的效果。

3. 如何提高员工对薪酬管理的满意度

提高员工对薪酬管理的满意度可以从与社会平均水平比较和提高公平度两个方面进行。

不论公司的薪酬管理采用哪种管理类型，进行岗位的市场价值评估是必不可少的。人力资源部门可以建议将公司员工的薪酬水平定在稍高于同行业同岗位的薪酬水平之上（一般为10%~20%），这样有利于员工的稳定和招募。

公平度是员工的主观感受，人力资源部门不要试图通过修订薪酬制度来解决这个问题。当然，薪酬制度在不适应公司发展的需要时，可以进行修订，但它不是提高公平度的最有效办法。在解决这个问题时，人力资源部门应该将注意力集中在薪酬管理的过程上，而不是薪酬管理的结果上。

比如，在制定薪酬制度时，我们可以让员工参与进来。实践证明，员工参与决策能使决策更易于推行。一些老板和管理者担心，员工参与薪酬制度的制定会极大地促使政策倾向于员工自身的利益，而不顾及公司的利益，这个问题在现实中是存在的。该问题的解决办法是让老板、管理者和员工一起来讨论分歧点，求得各自利益的平衡。实际上，员工不会因为自身利益而导致不负责任的决策。

员工参与或不参与的区别在于：如果员工参与，在政策制定之前就会发现并解决问题；如果员工不参与，当政策执行时，同样会暴露出问题，但这时往往就丧失了解决问题的最佳时机。

另外，人力资源部门还要促使企业领导职、管理者和员工建立起经常性的关于薪酬管理的沟通，促进他们之间的相互信任。总之，沟通、参与和信任会显著影响员工对薪酬管理的看法，从而提高对薪酬管理的满意度。

第九章

专门人员的薪酬激励

✓ 销售人员的工作特点

销售人员是企业从事销售业务的人员，他们相对于基层管理人员和专业技术人员来说，具有明显的群体特征，其工作也表现出独特性，主要体现在以下五个方面：

1. 工作业绩直接影响到企业的生存

销售工作与其他各项工作不同，其他各项工作对企业的影响都只是局部的，而销售工作则影响企业的全局。一家企业如果销售工作没有开展起来，则该企业的其他各项工作都无法正常进行。因此，企业在制订工作计划时的口头禅就是"销售是龙头"，这是有一定道理的。

2. 工作时间不确定

基层管理人员和专业技术人员尽管因为管理任务或研发任务繁重，有时在工作时间和业余时间之间也很难划分清楚，但是总有一个相对固定的工作时间。销售人员则不一样，他们的时间分配取决于客户，很难有一个确定的工作时间，因此也就无法对他们进行严格的考勤。

3. 工作过程无法实施有效的控制和监督

对基层管理人员的工作进行监督是必要的，也会起到应有的效果。对销售人员的工作监督则很难实施，也无法达到预期的目的，在这一点上，销售人员的工作与研发人员的工作相类似，其工作很大程度上取决于自觉和主观努力。如果一个销售人员本身对销售工作没有兴趣，那么再多的监督也不会有任何效果。

4. 工作业绩能够衡量

专业技术人员的工作业绩在短期内无法衡量，销售人员的工作业绩则在短期内就能体现出来，其业绩表现为一定时期内的销售额、新客户开发数、货款回收额等，业绩指标具体而又明确。

5. 业绩不稳定，波动性大

基层管理人员的业绩绝大部分取决于自己的主观努力，因此其业绩是可以由自己左右的，比较稳定。而销售人员的业绩除自己的主观努力以外，很大一部分还取决于外界环境因素，这不是由销售人员所能控制的，因此其业绩常常表现为不稳定性，各统计期间业绩的差距常常很大。

✓ 销售人员薪酬设计应遵循的原则

在设计营销人员薪酬制度时应遵循以下 8 个原则：

1. 有效性原则

权衡整个行业内人才市场的薪酬行情和本公司的支付能力与经营理念，所支付的薪酬既不能失去激励性，又不能产生"油多了不香"的后果。

2. 灵活性原则

薪酬制度的建立应既能满足各种销售工作的需要，又能比较灵活地根据市场行情和营销周期加以调整。

3. 竞争性原则

薪酬制度必须富于竞争性，给予报酬要高于竞争者的水平，这样才能吸引和留住最佳的营销人员，从而形成一支强有力的营销团队。

4. 激励性原则

薪酬制度必须能够给予员工一种强烈的激励作用，以便使其取得最好的营销业绩。同时，又能引导销售人员尽可能地配合企业的整体运作。

5. 稳定性原则

优良的薪酬制度，必须使大部分有安定性心理需求的销售人员每周或每日有稳定的收入，这样才不至于使其太过紧张和不安。

6. 便于理解和管理的原则

一种有效的薪酬制度必须使员工能随时以自己的业绩计算出自己的薪酬水平，同时也不能给薪酬管理带来更大的麻烦和成本。

7. 配合性原则

销售人员薪酬制度的建立，必须以认识和配合各有关部门的目标为基础，否则不易确定其与公司长期利益的吻合程度。

8. 相称性原则

营销人员的薪酬必须与其本人的能力、性格等相一致，与其合理的生活水准相一致，还要与其他部门相一致。

✔ 销售人员的薪酬模式

1. 纯薪金模式

纯薪金模式是指营销人员的薪酬全部是固定的基本薪酬。这种模式的优点是，它使营销人员的收入得到了保障，增强了他们的安全感，使得员工能够保持高昂的士气，而且这种模式也便于管理。其缺点在于，由于收入与业绩不挂钩，员工缺乏动力去改善销售业绩，不能对员工形成有效的激励，容易形成"吃大锅饭"的弊端，而且这种模式可能会给有进取心、有能力的营销人员带来伤害，造成企业人才的流失。就企业来说，固定薪酬将成为企业的一笔固定费用，不利于企业控制销售费用。在实践中，使用纯薪金模式的企业较少。当销售人员对晋升机会、成就感、荣誉等需求较为强烈时，或者当销售业绩的取得需要有很多人进行团队协作时，纯薪金模式较为适用。

2. 纯佣金模式

纯佣金模式是指营销人员的薪酬中没有基本薪酬部分，其收入全部来自按销售额的一定百分比提成的佣金。其基本模式为：

$$个人收入 = 销售额 \times 提成率$$

上述公式只是一个简单的描述。在实践中，提成率有时并不是固定的。例如，有些企业为销售人员设定了目标销售业绩，当销售额低于目标销售业绩时，提成率为3%；当销售额高于目标销售业绩时，超出部分销售额的提成率上升到5%。其目的是激励销售人员创造更好的业绩。提成率的确定没有固定之规，它的高低取决于产品的价格、销售量及产品销售的难易程度等。

这种模式的优点是，它将销售人员的收入直接与业绩挂钩，能够产生很强的激励作用，而且它将营销的风险完全转移至销售人员身上，降低了公司的运营成本。其缺点在于，销售人员承担了较大的风险，其收入易受经济环境等外部因素的影响而大幅波动，这将会减弱销售人员对企业的归属感，营销团队的稳定性和凝聚力也相对较差。由于销售人员的目标单一，仅仅集中于销售额，这可能会使其忽视其他很多与其收入没有直接关系、但对企业非常重要的营销活动，如客户信息的收集、企业的形象等。

在实践中，这种薪酬模式常见于产品标准化程度较高但市场广阔、购买者分散、很难界定销售范围、推销难度不是很大的行业，如人寿保险、营养品、化妆品等行业。当营销行为能够在短期内产生业绩，而且已有人获得众所周知的高额收入时，这种模式就更具吸引力。另外，在实践中，这种模式常用于企业的兼职销售人员。

3. 基本薪酬加佣金模式

基本薪酬加佣金模式是指销售人员的收入包括基本薪金和销售提成两部分。在这种薪酬模式下，销售人员一般都有一定的销售定额，当月不管是否完成定额，均可得到基本薪金即底薪；如果销售人员当月完成的销售额超过设置的销售定额，则超过部分按比例提成。薪金佣金模式的基本模式如下：

个人收入 = 基本薪金 +（当期销售额 – 销售定额）× 提成率

薪金佣金模式实质上是纯佣金模式和纯薪金模式的混合模式，它兼具有两者的优点，使得销售人员收入既有固定薪金作保障，又与销售业绩挂钩；既有提成的刺激，又给员工提供了相对固定的基本收入，使他们不至对未来收入产生恐慌。正因为它既克服了纯薪金模式和纯佣金模式两者的缺点又吸收了两者的优点，所以被企业和销售人员广泛接受，成为当前最通行的销售人员的薪酬模式。

4. 基本薪酬加奖金模式

基本薪酬加奖金模式与基本薪酬加佣金模式类似，虽然佣金与奖金都与销售业绩挂钩，但二者仍有区别，不同之处主要在于佣金与奖金的计算方法不同。佣金是根据销售业绩和提成率直接计算确定的，无论销售业绩如何都可以获得佣金，只不过是多少的问题；而奖金却不然，只有营销人员的销售业绩达到一定水平时，他们才可以获得奖金。另外，在佣金的设计中，一般只能与量化的销售业绩指标挂钩，如销售收入、销售量、销售利润等；而在奖金的设计中，企业可以采用市场开拓、客户投诉状况、货款回收速度等不太容易——量化的指标作为营销人员获得奖金的门槛。这一模式的优缺点与上一模式基本相同。

5. 基本薪酬加奖金加佣金模式

　　基本薪酬加奖金加佣金模式将基本薪酬、奖金和佣金三种薪酬方式集合在了一起。在这一模式下，营销人员除每月有固定的底薪外，还可获得销售额一定比例的佣金，当其销售业绩达到既定标准时，还可以获得奖金。这一模式的优点在于兼具奖金和佣金的激励效果，同时还有基本薪酬为员工提供保障，因此它在实践中也很常用。其缺点在于，加大了公司的销售成本，并且使成本变得不可控制。另外，由于提成率、销售业绩标准等设计起来比较复杂，该模式加大了薪酬设计的难度，增加了薪酬激励的成本。

✓ 销售人员的薪酬模式选择

　　对于一个特定的企业来说，对销售人员具体采取哪种薪酬模式，要综合其所处的行业、企业所提供产品或服务的特点、企业所处的生命周期以及企业以往的做法等几个方面来考虑。

　　从行业因素以及企业所提供的产品或服务的特点来看，销售的技术含量低、销售对象广泛、产品的销售周期较短的行业，如前面提到的人寿保险、营养品、化妆品行业等，对销售人员较宜采用"低固定＋高提成"的底薪加佣金模式，甚至实行纯佣金模式。这种薪酬模式以销售业绩为导向，能最大限度地刺激销售员工提升业绩，令员工承受巨大的工作压力，并迅速提升公司销售额，但是一旦市场出现不利条件，销售工作遇到瓶颈时，销售队伍也很容易分崩离析。

不过这些行业由于产品销售过程中的技术含量不高，对销售人员的培训较为简单，因此重新组建一支高效的销售队伍并非难事。而对于一些专业性很强、产品销售过程中需要高含量的技术支持、市场相对较狭窄以及销售周期较长的企业而言，对销售人员宜采用"高固定＋低提成"的底薪加奖金或底薪加佣金模式。例如，产品的专业性非常强、竞争激烈、人才流动性很高的IT行业，其销售人员就比较适合这种薪酬模式。较高的底薪能够给员工安全感和归属感，能有效保证工作和人际关系的延续，防止人员频繁流动给销售工作带来困扰。但在这种薪酬模式下，如果没有相应的考核控制措施，将导致员工惰性滋生，工作效率降低。

从企业的生命周期来看，当公司产品刚刚上市时，产品没有什么知名度或者知名度很小，产品的性能也可能不太稳定，这个时候，市场开拓的困难程度和风险性是很高的，销售人员的努力很可能无法得到足够的市场回报。因此，企业对其销售人员适合实行"高固定＋低提成"的底薪加奖金或底薪加佣金模式，甚至完全采用固定薪酬模式。而当企业进一步改进其产品性能，市场开拓逐渐显露成效的时候，企业开始进入快速成长期，需要销售人员不断拜访客户以开拓市场，或是产品性质决定其需要不断开拓新的客户源，保持与客户的密切联系，这时较适合采用"低固定＋高提成"的底薪加佣金或底薪加奖金模式，以鼓励销售人员更加积极地去扩大市场份额，增加销售额。当企业进入成熟期和衰退期时，企业大多已具备了较高的知名度，管理体制也趋于成熟，客户群相对稳定，市场份额开始逐渐缩小，企业产品的销售额更大程度上是来自于公司整体规划和推广投入而非销售人员的个人努力，这个时候对销售人员采用"高固定＋低提成"的底薪加奖金或底薪加佣金模式，将更有利于企业维护和巩固现有的市场渠道和客户关系，保持企业内部稳定，有利于企业平稳发展，或者有利于企业延缓衰退，从该产品中赚取更多的收益。

✓ 专业技术人员的薪酬设计

专业技术人员是指具有中专以上学历或者持有有关部门颁发的专业技术职务资格证书，在专业技术岗位上从事专业技术工作的人员。在企业中常指在相关岗位上从事产品研发、市场研究、财务分析、经济活动分析、人力资源开发、法律咨询等工作的专门人员。其工作属于脑力劳动的范畴，其产品属于智力产品，其工作特点主要表现在以下几个方面：

（1）工作过程不容易被检查。专业技术人员的工作主要是脑力劳动，无法显性地表现出来，难以对它们进行有效的检查。

（2）工作业绩不容易被衡量。专业技术人员的工作业绩往往要经过很长一段时间方可显示出来。

（3）工作时间很难估算。表面上看，专业技术人员好像与其他人一样正点上班、正点下班，其实他们的工作时间远比正常上班时间多得多。

（4）市场价格高。专业技术人员是社会的稀缺资源，是市场主体争夺的焦点，受市场供求关系的影响自然具有较高的市场价格。

（5）权高位低。专业技术人员的工作智力含量高，在专业知识领域中容易得到人们的认可，具有很高的权威，但是在企业里尤其是一些实行单一职位等级薪资制的企业，他们由于管理职位低，薪金与其贡献或者与其重要程度常常不成正比。

鉴于以上特点，专业技术人员的薪酬设计应考虑以下两个方面：

1. 成熟曲线及其薪酬决定

从本质上来讲，企业向专业技术人员支付的薪酬实际上是对他们所接受的若干年专业技术训练，以及所积累的专业技术经验的价值的一种认可。因此，专业技术人员的技术水平高低是决定其薪酬水平的一个非常重要的因素。

专业人员的技术水平取决于两个方面的因素：一是其接受过的正规教育和训练水平；二是工作经验年限和实际工作能力。在专业技术人员所接受过的专业技术教育和训练水平一定的情况下，工作经验年限的长短是专业技术人员技术水平的一个重要参照指数。这一方面是因为很多专业技术知识需要在实践中不断深化，另一方面是因为专业技术人员会在工作的过程中继续学习甚至创造新的知识。因此，在实践中，根据专业技术人员的事业成熟曲线来确定专业技术人员的薪酬水平是一种比较常见的做法。

所谓事业成熟曲线，实际上就是从动态的角度说明专业技术人员的技术水平随着工作时间而发生变化的情况，以及它与技术人员的薪酬收入变化之间的关系。成熟曲线所依据的数据来源于对外部劳动力市场的薪酬调查，在多数情况下是从专业技术型员工大学毕业这一时点开始收集的。由于某一特定劳动力市场上所需要的知识和技术都具有相同或相近的性质，因此专业技术人员的参照对象可以选定为在同一时间段毕业、进入相同或类似劳动力市场的同行。

在通常情况下，专业技术人员的事业成熟曲线起步很快。在大学毕业之后的 5 ~ 7 年中的上升速度是最快的，每年增幅 10% ~ 15%；经过 15 ~ 20 年之后，随着员工知识的逐渐老化和创造力的减弱，事业成熟曲线开始变得平缓起来，增幅降到 0 ~ 5%，其后便相对稳定在一定水平上。事业成熟曲线反映出，专业技术人员所积累的专业知识和技术在刚刚进入劳动力市场时是非常有优势的，再加上工作经验的逐渐丰富，其工作能力提高很快，因而，这一阶段的薪酬增长速度也会很快。但是在经过一段时间以后，随着原有专业知识技术的老化，工作经验对于价值创造的作用也呈现递减趋势，专业技术人员的工作能力提高速度逐渐减缓直至进入一个事业平台，此时，专业技术人员的薪酬也相对稳定在一定的水平上。此外，除工作经验年限因素以外，专业技术人员的实际工作绩效差异也会导致他们的事业成熟曲线出现不同。其他条件相同，工作绩效较高者的成熟曲线位置更靠上一些，而绩效处于平均水平者的成熟曲线与绩效较差者的成熟曲线所处的位置则更低一些。

2. 双重职业发展通道

近年来，在专业技术人员的薪酬设计中提到的比较多的一个问题是所谓的双重职业发展通道的概念。在以职位为基础的传统职能型组织中，决定员工薪酬的一个重要依据是所从事的职位在企业中的行政级别高低，因此，一大批专业技术人员发展到一定的层次之后，就将精力转移到了谋取职位晋升方面。很多时候，尽管专业技术人员不喜欢跟人打交道，也不了解如何跟人打交道，或者说根本不愿意搞管理工作，但是，由于只有做管理工作才有可能获得职位等级上的晋升，因此，许多优秀的专业技术人员最终都以放弃专业技术工作为代价获得了职位的晋升，当然还有相应的薪酬水平的提高。然而，专业技术人员的这种取向对于企业来说却未必是有利的，因为一部分不懂管理也不喜欢搞管理的优秀技术人员转变角色之后，实际上会给企业带来双重的损失。

鉴于上述问题的存在，近年来，越来越多的企业开始实行专业技术人员的双重职业发展通道。所谓双重职业发展通道，就是指在薪酬方面，专业技术人员可以谋求两条不同的晋升路径，一种路径是走传统的路子，即由从事专业技术工作转变到从事管理型工作；另一种路径是继续从事专业技术工作。无论是走哪一条道路，专业技术人员都同样具有薪酬增加的空间。因此，当专业技术人员达到职业发展生涯一定阶段的时候，他们就会考虑到底是按照原有的轨迹继续发展下去，通过借助自身的专业技能为组织作出更大的贡献而获得更高的收入，还是另辟蹊径，通过承担越来越多的管理职责来获得更高的薪酬。这无疑给专业技术类员工提供了一个更大的发展空间。

应该认识到，无论采取什么样的薪酬模式，真正支付给专业技术人员的薪资都只是内容丰富而奥妙无穷的广义薪酬的一部分，要充分发挥薪酬对专业技术人员的激励作用，还需要做好以下几项工作：

（1）营造一个"尊重科技，尊重人才"的良好的企业文化氛围，这是吸引和留住专业技术人员的根本。只有在良好的企业文化氛围中学习、工作和生活，专业技术人员才能有安全感、归属感、自尊感、满足感、社会荣誉感，才能学得安心、干得顺心、拼得欢心、活得舒心。

（2）将专业技术人员的职业管理与企业薪酬管理有机地结合起来，满足专业技术人员的职业期望与需求。企业要通过加强职业管理，辅导专业技术人员制订切实可行的职业生涯规划，将专业技术人员的职业目标与组织的战略目标有机统一起来，并通过制定相应的薪酬策略促进专业技术人员职业目标的实现，促进员工与企业共同成长。

（3）完善专业技术人员的福利体系。专业技术人员由于工作的特殊性，在福利上有更多的需求，包括家庭护理、心理调试、身体保健、进修培训、旅游休假等。在福利支付方式上针对专业技术人员的群体特征，要着重强调个性化福利，给予他们选择福利的自由。比如，给予他们一个福利费定额，让他们自主支配；或者给他们一个"福利包"，让他们自主选择"福利套餐"。

（4）将专业技术人员纳入企业长期激励体系。专业技术人员作为专业化人力资本的拥有者，在企业培育核心竞争力、争取优势竞争地位的过程中，与企业中高层管理人员一样具有主导和决定性的意义。因此，在产权清晰、公司治理结构建立健全的情况下，可以通过设计和实施适当的股票期权计划，将他们纳入企业的长期激励体系中，使其与企业结成命运共同体，以期达到长期激励的目标。

✔ 基层管理人员的薪酬模式

管理人员是企业中从事管理工作的员工，按职位高低可以将管理人员划分为三类，高层管理人员、中层管理人员、基层管理人员（通常也称为一般管理人员）。这三类管理人员薪酬管理的侧重点有所不同，比如对高层管理人员和部分中层管理人员，薪酬管理的重点主要是探讨长期激励措施的实施问题；而对于基层管理人员薪酬管理的重点则要放在如何通过薪酬管理，改善其工作绩效，提高其管理效能上。为什么对基层管理人员薪酬管理的重点如此定位？这是由基层管理人员工作的如下特点所决定的：

（1）基层管理人员是公司战略的最终落实者，公司的战略只有通过基层管理人员的管理活动才能真正落到实处。

（2）基层管理人员是公司政策和高层管理决定转变为员工行动的底层传达者，公司政策能否得到执行，高层决定能否得到贯彻，首先取决于基层管理人员贯彻政策与决定的态度和能力。

（3）基层管理人员是公司业务的主要执行者，公司业务能否顺利开展，业务范围能否不断扩大，效益能否提高，很大程度上取决于基层管理人员的主观努力程度和能否有效地调动下属的积极性，他们的稳定和高效对公司业绩的好坏起着十分重要的作用。

（4）基层管理人员是员工的直接主管，其管理活动和管理行为不仅是员工行为的示范，而且直接影响员工的工作效率和工作业绩。

基层管理人员的上述特点决定了基层管理人员的薪酬模式：基本薪金＋奖金＋福利。三者在基层管理人员整体薪酬中所占的比例没有统一的标准，而是随地区、行业、企业经济性质的不同有所差别。据调查，在基层管理人员整体薪酬中，基本薪酬占60%左右，奖金占20%左右，福利占20%左右，这可能是一个较为合理的比例范畴。

1. 基本薪酬

在确定基层管理者基本薪酬水平时，组织往往会考虑到多种因素，这些因素包括：企业规模、组织赢利水平、销售状况、所占市场份额、组织的层级结构、其他员工群体的薪酬水平等。当然，不同的管理层级所侧重的参照因素是有所不同的：高层管理者的基本薪酬水平主要会受到企业规模的影响，中层管理者往往会受到企业层级结构的制约，而基层管理者的基本薪酬水平则更多地会和其所监管的普通员工的人员类型、数量以及他们的薪酬水平有关。在通常情况下，基层管理人员与所属员工之间的平均薪酬差距在30%左右。

从总体上说，绝大多数企业都会选择使管理层的基本薪酬水平超出、至少是不低于市场平均水平。毫无疑问，选择这种做法是出于多方面的考虑：管理者的工作对于企业而言至关重要；管理者往往都有很长的工作年限和丰富的工作经验；管理层相对于员工总数而言人员甚少；管理者和外部市场打交道比较多，因此追求外部公平性的意识较强烈。此外，由于企业对管理层的要求往往比较高，而劳动力市场上的供给又相对较为紧张，因此企业管理人员的薪酬水平需要具有一定的市场竞争力。当然，管理者个人的薪酬水平在很大程度上还是取决于其实际的管理能力和绩效水平高低。

2. 短期奖金

在一般情况下，企业向基层管理人员支付短期奖金，意在对其在特定的时间段里（通常是一年）为组织绩效作出的贡献进行补偿和奖励。通常意义上的短期奖金都是以组织的总体经营绩效为基础的，由于基层管理人员对于企业总体经营绩效的达成情况有着比普通员工更大的影响力，因此，基层管理人员的短期奖金与企业总体经营业绩之间的关系会更为紧密。

在具体计算方面，基层管理人员的短期奖金往往以管理者的基本薪酬为依据，其具体数额取决于管理者对于经营结果的实际贡献大小。当然，上年度企业的利润水平、组织的生产率高低、具体管理行为的成本节约情况、资本和资产的回报率等因素也会对短期奖金的数量产生影响。在对基层管理人员的短期绩效进行衡量时，企业既有可能使用总体盈利水平等单一指标，也有可能使用对于企业成功而言同等重要的多重指标。在后一种情况下，企业必须把握好不同指标之间的权重。

3. 福利

对于基层管理人员的福利计划也要体现其特点：

（1）基层管理人员承担着对员工的直接指挥任务，在其素质要求方面，对技术技能的要求比较高，因此要因人而异地为基层管理人员设计一些技术业务方面的培训计划，帮助基层管理人员提高技术技能。

（2）基层管理人员管理任务重，工作时间长，有的甚至要长期待在生产岗位，与员工吃住在一起，无暇照顾家庭与子女。因此，要有意识地增加服务性福利项目，为基层管理人员提供更多的家庭服务，解决其后顾之忧，比如提供子女入托、家务料理服务等。

（3）基层管理人员直接面对被管理者，在行使管理职能时容易与被管理者发生冲突，因此矛盾较为集中。尤其是在被管理者素质较低，法律意识较差的情况下，基层管理者常常面临着各种安全威胁。因此在安排福利计划时，为基层管理者设计保障性福利也符合基层管理者的福利需求，如人身伤害保险等。

（4）基层管理者长期坚守在本职岗位上，过着枯燥、乏味而又紧张的生活，基于此，可考虑为其增加一些实物性福利项目。比如可为其在工作场所设置球类体育设施，让其在紧张工作之余与员工一起从事一些球类活动；也可送其一些免费的电影票或足球赛入场券，让其在观看电影或比赛中得到放松；当然也可为其增加一些机会性福利项目，给予其带薪休假的机会，或者安排其家庭参加旅游活动。

（5）根据基层管理人员的工作环境设置福利项目。比如基层管理人员如果是露天作业，夏天安排一些防暑福利项目，如饮料、避暑药品等；冬天安排一些取暖福利项目，如棉衣、棉裤、棉帽等。如果其工作环境是高温环境，那么就要为其提供高温补贴。如果岗位工作带有伤害性或容易产生职业病，那么就需要为其提供免费定期体检、职业病免费防护等福利。当然在福利项目上也可以为基层管理人员提供"自助式福利套餐"，任基层管理人员自己选择福利项目组合。

总之，无论是基本薪酬，还是奖金福利，都应与基层管理人员的晋升联系起来，在职业管理者阶层与普通员工之间界定一个合理的中间位置，这样，薪酬体系才能有一个可靠有效的制度支撑。

第十章

薪酬的调控管理

✓ 薪酬调查

在进行薪酬管理时，主管必须对薪酬状况有总体上的了解和把握，而要做到这一步，首先就要进行薪酬调查。

1. 薪酬调查的原则

薪酬调查就是通过各种正常手段，来获取相关企业各职务的薪酬水平及相关信息。对薪酬调查结果进行的统计和分析，就成为企业薪酬管理决策的有效依据。在进行薪酬调查时，要注意以下几点原则：

（1）协商的原则。

由于薪酬管理政策及薪酬数据在许多企业属于商业秘密，不愿意让其他企业了解。所以在进行薪酬调查时，要由企业人力资源部门与对方人力资源部门，或企业总经理与对方总经理直接进行联系，本着双方互相交流的精神，协商调查事宜。

（2）资料准确性原则。

由于很多企业都对本企业的薪酬情况守口如瓶，所以，有些薪酬信息很可能是道听途说得来的。这些信息往往不全面，有些甚至是错误的，准确性较差。另外，在取得某职位的薪酬水平的同时，要比较一下该职位的岗位职责是否与本企业的岗位职责完全相同。不要因为职位名称相同就误以为工作内容和工作能力要求也一定相同。

（3）资料随时更新原则。

随着市场经济的发展和人力资源市场的完善，人力资源的市场变动会越来越频繁。企业的薪酬水平也会随企业的效益和市场中人力资源的供需状况而变化，所以薪酬调查的资料要随时注意更新，如果一直沿用以前的调查数据，很可能会做出错误的判断。

2. 薪酬调查的渠道

（1）企业之间的相互调查。

由于我国的薪酬调查系统和服务还没有完善，所以最可靠和最经济的薪酬调查渠道还是企业之间的相互调查。相关企业的人力资源部门可以采取联合调查的形式，共享相互之间的薪酬信息。

这种相互调查是一种正式调查，也是双方受益的调查。调查可以采取座谈会、问卷调查等多种形式。

（2）委托专业机构进行调查。

现在，在北京、上海和沿海一些城市均有提供薪酬调查的管理顾问公司或人才服务公司。通过这些专业机构调查会减少人力资源部门的工作量，省去了企业之间的协调费用，但它需要向委托的专业机构付一定的费用。

（3）从公开的信息中了解。

有些企业在发布招聘广告时会写上薪酬待遇，调查人员稍加留意就可以了解到这些信息。另外，某些城市的人才交流部门也会定期发布一些职位的薪酬参考信息，同一职位的薪酬信息，一般分为高、中、低三档。但由于它覆盖面广、薪酬范围大，所以对有些企业并没有意义。

通过其他企业调来本企业的应聘人员也可以了解其他企业的薪酬状况。

3. 薪酬调查的步骤

实施薪酬调查一般来讲应该分为6个步骤，它们是确定调查目的、选定相关市场、确定调查范围、选择调查方式、搜集和分析资料、薪酬调查结果运用。

（1）确定调查目的。

人力资源部门应该首先弄清楚调查的目的和调查结果的用途，再开始制订调查计划。一般而言，调查的结果可以为以下工作提供参考和依据：整体薪酬水平的调整，薪酬结果的调整，薪酬晋升政策的调整，某具体职位薪酬水平的调整等。

（2）选定相关市场。

选定相关市场对于薪酬调查非常重要，因为不同行业可能有很多不同的薪酬结构，故很难互相比较，有时即使职位名称相同，但工作的内容及职务也可能有很大的分别。相关劳动力市场主要是企业争取员工的对象，通常可用下列因素界定相关劳动力市场：

①相同行业或所需要的技能训练相同。

②居住地区与工作地点的距离，员工是否愿意前往较远的地方工作。

③与其他企业互相争取具有专门技术的人才。

④企业在同一商品或劳务市场内竞争。

（3）确定调查范围。

调查范围包括是哪一类型的企业以及调查对象的数目等，通常要根据调查目的而定。一般情况下，要选择那些与企业处于同一行业、在同一劳动力市场上有竞争行为并有实力超过自己或大致相同的企业。选择要依据以下 5 个原则：

①在同业中处于领导地位，所实施的薪酬制度具有一定的影响力。

②拥有较多的员工并设有人力资源部门，企业内部各职位较易明确划分。

③定时根据消费物价指数及其他经济指标的变化调整员工的薪酬。

④该企业设有福利计划。

⑤该企业有预定的薪酬制度。

（4）选择调查方式。

确定了调查的目的和调查范围，就可以选择调查的方式。

一般来讲，首先可以考虑企业之间的相互调查。企业的人力资源部门可以与相关企业的人力资源部门进行联系，或者通过行业协会等机构进行联系，促成薪酬调查的开展。如果无法获得相关企业的支持，可以考虑委托专业机构进行调查。具体的调查形式普遍采用的是问卷法和座谈法（也称面谈法）。如果采取问卷法要提前准备好调查表；如果采取座谈法，要提前拟好问题提纲。

（5）搜集和分析资料。

搜集资料时首先寄给受访的企业一封专函并附上问卷。信中表示感谢合作，保证资料保密，并解释问卷需注意的地方。通常，问卷中应包括以下3大类资料：

①有关企业的资料：名称、地址、员工人数、企业规模、营业额、经营的行业、企业资产等。

②有关薪酬的资料：基本薪酬、福利、调薪措施、薪酬结构、工作时数、假期等。

③有关职位及员工的类别：工作类别、员工类别、员工的实际薪酬率、总收入、最近一次的加薪、奖金及津贴。

初步审阅调查所得的资料，若无重大的错误及矛盾，可将资料输入计算机，进行分析，计算出每一个职位最高和最低的薪酬率、加权平均或算术平均额、中位数。然后再将从工作评价中所获得的职位等级与薪酬调查中所得的对应薪酬平均数或中位数，绘成市场薪酬分布图。将资料分析后，归类和编制成图表，作为确立薪酬水平的依据。

（6）薪酬调查结果运用。

由准确的薪酬调查所收集到的资料，可作以下用途：

①公平地反映市场现行的薪酬水平。

②可以为所有的职位订立起薪点。

③显示出不同职级之间的薪酬差异。

④比较企业现行的薪酬与市场的差异。

⑤薪酬调查结果可作为调整企业的薪酬水平的依据，增加对外的竞争力。

⑥可以清楚地将调查结果向员工及工会解释，说明企业的薪酬政策是公平合理的。

✓ 薪酬确定

在进行过薪酬调查后，就得确定薪酬总额、差异以及薪酬结构。

1. 确定薪酬总额

所谓薪酬总额，包括企业所有员工的工资、奖金、加班费、职务补贴、退职退休金、福利安全费、劳动保险费、培训经费等费用开支。薪酬对大多数企业来说，是一种相当重要的成本，企业为了健康稳定地发展，就必须很好地控制自己的薪酬总额，力争少投入、多产出。

一般来说，企业有两种薪酬总额计算方法：

（1）根据薪酬比率确定薪酬总额。

根据薪酬比率确定薪酬总额是最简单、最基本的分析方法，计算公式为：

薪酬总额＝薪酬比率 × 销售额（或利润）

其中的薪酬比率，可使用企业过去的实际薪酬总额费用率，也可参考本行业一般水平确定。按这种计算方式，企业的薪酬总额主要随企业销售额的变化而变化。

（2）根据盈亏平衡点推算薪酬总额费用率。

所谓盈亏平衡点，是指企业的销售额正好与企业的总成本相等，没有赢利。也就是说，企业处于既不赢利、又不亏损的状态。通过盈亏平衡点计算的薪酬总额，一般是企业所允许的最高薪酬成本。

2. 确定薪酬差异

薪酬总额确定之后，必须以一定的方式把它分解到不同员工身上。由于员工之间存在劳动差异，因而各个员工的薪酬多少也会有所不同。如何确定不同员工之间的薪酬差异，是企业薪酬管理的一个基本问题。在现代企业中，通常从员工劳动能力、劳动付出和劳动效果3个方面确定员工之间的薪酬差异。其中员工所任职务的价值差异和员工与职务相关的技能差异是两个最基本的决定因素。

（1）职务价值差异。

随着科技的发展，人们的劳动越来越复杂，很难对具体职位（如管理人员、科研人员）的个别劳动成果进行测量，只能从该职位的重要性及其任职资格等方面想办法，以确定员工的薪酬水平。这就要求对企业中所有职务的价值进行区分，根据职务价值的区别，确定每一职务在企业薪酬体系中的地位。利用这种方法确定工资，就要用到职务评价。值得注意的是，职务评价的目的是追求企业的内部公平，即担任同样职务的员工领取同样的薪酬。职务评价只与工作职位有关，与该职位上的员工个人特点无关。因此，详细、完整的工作说明书是确定职务价值差异的必要前提。

（2）员工技能差异。

担任不同职务的员工，由于职务价值不同，会出现薪酬上的差异。而担任同一职务的员工也会出现薪酬差异，这种差异的原因不在于职务价值的区分，而在于任职者本人的技能区分。在同一职务上工作的员工，由于学历、经验、职称、任职时间等原因，会表现出不同的工作能力，产生不同的工作效果，对这种差异的认可，有利于鼓励员工在同一职位上不断提高技能，进行职业发展。这就是技能工资的差异。

3. 确定薪酬结构

确定薪酬结构，通常要经过以下 4 个步骤：

（1）绘制散布图。

在确定薪酬结构之前，先要清楚企业现行的薪酬水平。散布图是表示各种职位的价值与薪酬率之间关系的图表。

（2）比较薪酬。

从散布图中可以看到企业现行的薪酬结构，然后将企业的薪酬与薪酬调查的结果相比较，目的是确保薪酬具有外部竞争力。一般情况下，较低级的职位较市场上一般的薪酬水平低，而较高级的职位则普遍较高。因此，要适当调高低级职位的薪酬，调低高级职位的薪酬。但若硬行降低薪酬，对员工的工作热情打击很大。通常采取暂时冻结薪酬或减缓薪酬增加幅度的方式，使偏高的薪酬在一段时期内回复到市场水平。还可以通过增加员工的工作量，提高工作效率，使偏高的薪酬合乎经济效益原则。当然，调整工作还要考虑企业的薪酬策略，企业愿意配合市场所支付的薪酬、维持目前的薪酬制度，或是支付高于市场的薪酬以吸引或留住优秀的员工等。

（3）建立薪酬等级。

如果企业规模较大，拥有数百甚至上千的工作职位，就应该将由工作评价所评定的困难程度、重要性、责任及性质相似的工作归入各种薪酬等级。通常的做法是按工作评价的分数分成若干等级，如200点以下为第一级，200~400点为第二级，以此类推。

要注意，薪酬等级数目的确定是一个重要决策。等级的数目并没有绝对标准，但若级数过少，员工将感到难以晋升，缺少激励的效果；相反，等级数目过多，会增加管理的困难与费用。决定薪酬级数时，还要考虑以下3个因素：

①企业的规模。规模大则职级多。

②每一工作群所包括的工作种类。种类越多，范围越广，则所需要的薪酬等级数就越少。

③利用工作分布图分级。从图中各点聚集和分散的情况中

绩效考核与薪酬激励
精细化设计及整体解决方案

可以发现某些点群是聚在一起的，应归入同一等级。

（4）建立薪酬幅度。

当企业的薪酬平均数与市场的薪酬平均趋势比较时，便可决定每一薪级在薪酬结构中的幅度。薪酬幅度是在薪酬等级中所设最高及最低薪酬之间的差额，也就是每一薪级可能支付的范围。通常薪酬曲线经过薪幅的中点，在薪酬曲线向上及向下延伸至一定的百分比，如15%的范围，便可划出薪酬幅度。

在一个等级的起薪点及顶薪点内，往往分成许多阶梯。可以依员工的服务年资、工作表现等增加阶梯薪酬。这样，可以使从事同一工作的员工因为年资长或个人表现优秀而获得较高的薪酬。对于新聘的员工，应根据工作经验的多少而提高职点。这种制度的优点有：

①较有弹性。

②易吸引有工作经验的员工加入。

③容许两个相邻等级的薪幅部分重叠。

④对不同工作表现的员工可以给予不同的薪酬。

在建立薪酬幅度时要考虑到薪幅重叠问题。薪幅重叠是指两个相邻等级间的重叠部分。这样的薪酬结构允许员工在某一等级内获得较高的薪酬。但是，若重叠部分过多，则难以区分。同时可能会造成员工在晋升之后的薪酬反而降低的现象。如果晋升后的起点薪过高，则很快又会增至该级的顶点，这在管理上将造成很大麻烦。

因此，薪级数目、薪酬幅度及薪幅重叠是互相影响的。薪级多，薪幅会较短，从而相应地增加了重叠的可能性；相反，薪级少则薪幅会增长，重叠可能性降低。

✓ 薪酬改进

在传统的薪酬体系中，员工的薪酬水平主要取决于学历、工龄、职位等因素，这是一种片面的做法，难以全方位满足薪酬管理的要求。在实际工作中，既要考虑职务与工作者的性质，又要考虑人力资源的投入方式，更要考虑薪酬分配如何与员工的业绩挂钩。衡量一个企业的薪酬管理体系是否完整，可以从以下几方面入手：

1. 薪酬管理的系统性

薪酬管理的系统性包括以下 4 个方面：

（1）是否设有薪酬管理的专门人员。

（2）是否每年进行薪酬调查。

（3）是否定期听取员工对薪酬问题的意见。

（4）薪酬管理是否与绩效考评紧密联系。

2. 薪酬管理的规范性

要规范薪酬管理，必须了解以下 4 个方面：

（1）是否有明确的薪酬管理原则、薪酬评定与晋级的办法、计算和支付奖金的细则，相关方面的规章制度是否完备。

（2）是否制订了长期薪酬计划和薪酬分配整体方案。

（3）是否有明确具体的薪酬表。

（4）在进行薪酬提升和奖金发放时是否进行绩效考评。

3. 薪酬管理的具体性

薪酬管理的具体性包括以下 5 个方面：

（1）是否进行工作分析和评价。

（2）是否实行员工职务工资和技能工资。

（3）是否通过技能测验、资格考试调整员工的职级。

（4）是否设定各级别的最高任职年限。

（5）是否设置职务评价委员会等专门的薪酬管理机构。

4. 薪酬管理的激励性

激励性指薪酬要起到激励作用，具体有以下 4 个方面：

（1）是否根据管理目标确定员工的绩效工资和奖金。

（2）奖金是否采用利润分享方式。

（3）对领取奖金的人数是否有限制。

（4）是否设立个人特殊能力工资和团队工作奖励。

5. 薪酬管理的安全性

薪酬管理的安全性包括以下 4 个方面：

（1）现行的薪酬水平能否满足员工的基本生活要求。

（2）现行的薪酬标准是否达到市场一般水平。

（3）企业薪酬率上升速度是否高于劳动生产率增长速度。

（4）企业基础薪酬增加的比率是否与相关企业接近。

✔ 薪酬控制

薪酬是企业人工成本的主要部分，而人工成本开支极大地影响企业在市场上的竞争力，甚至会成为企业生死存亡的关键。作为一个优秀的主管，就不得不对薪酬进行控制。

1. 薪酬预算

在整个营运成本中，薪酬占据重要比例，建立一个系统薪酬制度的目的之一便是理性地控制人工成本，而薪酬控制是从薪酬预算开始的。

准确地预算有助于确保在未来一段时间内的支出受到一定程度的协调与控制。预算将成为一个既定的标准或目标，它用来衡量此段时间的实际开支情况是否超出预算或在预算范围内。

一般来说，薪酬预算的方法有两种：一种是从下而上法，一种是从上而下法。名称虽然很普通，但却形象地反映了两种方法各自的特点。

（1）从下而上法。

顾名思义，"下"指员工，"上"指各级部门，以至企业整体。从下而上法是指根据企业的每位员工在未来一年薪酬的预算估计数字，计算出整个部门所需要的薪酬支出，然后汇集所有部门的预算数字，编制企业整体的薪酬预算。

通常，自下而上的方法比较实际，且可行性较高。部门主管只需按企业既定的加薪准则，如按绩效加薪，按年资或消费

绩效考核与薪酬激励
精细化设计及整体解决方案 ✔

品物价指数的变化情况等调整薪酬，分别计算出每个员工的增薪幅度及应得的薪酬额。然后计算出每一部门在薪酬方面的预算支出，再呈交给高层的管理人员审核和批准，一经通过，便可以着手编制预算报告。

（2）从上而下法。

与从下而上法相对照，从上而下法是指先由企业的高层主管决定企业整体的薪酬预算额和增薪的数额，然后再将整个预算数目分配到每一个部门。各部门按照所分配的预算数额，根据本部门内部的实际情况，将数额分配到每一位员工。

由此可见，从上而下法中的预算额是每一个部门所能分配到的薪酬总额，也是该部门所有员工薪酬数额的极限。至于部门主管将这笔薪酬总额如何分派给每一个员工，就由部门主管决定了。

部门主管可以按企业所定的增薪准则来决定员工分配的薪酬数额，根据员工的不同的绩效表现来决定增薪率的高低，或者采取单一的增薪率，不过，这样会导致底薪较高的员工的薪酬增加较多，而底薪较低的员工实际得益较小。

一般来说，从下而上法不易控制总体的人工成本；而从上而下法虽然可以控制住总体的薪酬水平，却使预算缺乏灵活性，而且确定薪酬总额时主观因素过多，降低了预算的准确性，不利于调动员工的积极性。

由于两种方法各有优劣，通常企业会同时采用这两种方法。

首先决定各部门的薪酬预算总额，然后预测个别员工的增薪幅度，并确保其能配合部门的薪酬预算总额。如果两者之间的差异较大，也要适当调整部门的预算总额。

2. 薪酬总额控制

在进行薪酬预算时，首先要确定各部门的薪酬预算总额，在此基础上确定企业的薪酬总额。这是对庞大的薪酬体系进行控制的基础。只要控制住了薪酬总额，一切问题就迎刃而解了。

那么，如何控制薪酬总额呢？

最根本的方法就是根据企业的实际情况确定一个合理的薪酬总额，然后以总额为标准，实施薪酬控制。一般来说，主要依据企业的支付能力、员工的基本生活费用和一般的市场行情等因素来计算薪酬总额。

（1）确定企业支付能力。

作为主管，也许可以根据企业每年的利润总额粗略地估计企业的实际支付能力，但是，要想确定一个合理的薪酬总额，就必须将企业的支付能力精确化、量化，用几个指标将它明确地表示出来。衡量企业支付能力的方法有：

①销售额与人工费用比率基准法。其计算公式如下：

$$人工费用率＝人工费用÷销售额$$

由上式可见，如果企业的销售额较大，销售业绩较好，那么人工费用也可以相对地增加，因为企业的支付能力较大；如果企业的销售额较低，那么就不应该盲目地增加人工费用的支出。这里，人工费用不仅包括员工的基本薪酬、奖金、津贴和福利，而且包括录用、培训员工所发生的一切费用。

在实践中，可以根据过去数年的经营状况，求出人工费用与销售额的合理比率。再根据比率，求出合理的适合企业承受能力的人工费用。

②劳动分配率基准法。其计算公式如下：

劳动分配率＝人工费用 ÷ 附加价值

附加价值＝销售额－外部购入价值（材料＋外委加工费）

根据劳动分配率，可以求出合理的人工费用率。公式如下：

合理人工费用率＝人工费用 ÷ 销售额

＝（附加价值 ÷ 销售额）×（人工费用 ÷ 附加价值）

＝目标附加价值率 × 目标劳动分配率

（2）确定员工基本生活费用。

员工的基本生活费的支出是企业必须支付的人工成本。如果企业的薪酬水平很低以致无法满足员工基本生活方面的支出，那么企业将无法生存。因此，薪酬水平应该高于员工用于基本生活费的支出。但是，员工的基本生活支出到底是多少？

一般来说，要根据消费品物价指数、货币购买力、基本生活消费品的项目等来确定。

值得注意的是，基本生活费用应随物价和生活水平的变动而变动。要及时了解政府发布的物价指数情况，注意地区之间生活水平的差异。生活水平的确定要客观，不能无限制的上升，否则将使总体薪酬水平不断增加。

（3）了解一般市场行情。

通过市场薪酬调查，了解当地通行的薪酬水平，将本企业的薪酬与之对比，决定企业的总体的薪酬额。

当然，企业薪酬总额的高低还与企业的薪酬政策有关。如果在产品成本中，薪酬部分所占比例很小；管理或生产效率很高，从而可以使单位产品的人工成本很低；产品具有垄断性，售价高，可将高薪酬转嫁于消费者，以高的薪酬吸引高新技术人员，提高企业士气，那么可以实行高薪政策。

如果企业的员工收入稳定、工作稳定、不愿离职；除基本薪酬之外，还有各种可观的津贴和福利；且企业的人力资源管理健全，员工相处融洽，心情愉快，那么可以实行低薪政策。

总之，为实行有效的薪酬控制，应该确定一个合理的薪酬总额，通过调整这个总额达到控制整个薪酬体系的目的。

3. 过高人工成本的控制

当一个企业的人工成本过高时该怎么办？这是主管经常面临的问题。通常有两种做法：一是降低员工的薪酬，二是裁减员工。有的企业采用第一种做法，引起员工极大不满，使生产陷入停滞状态。面对如此情况该如何处理？

控制人工成本，可以使企业的竞争实力增强，增加市场占有的份额，战胜竞争对手，取得更好的经济效益。人工成本应该加以控制，但应该巧妙地处理，这样才能不影响士气。

一般来说，可以采取以下方法：

（1）薪酬冻结。

当人工成本过高时，不是直接降低薪酬，而是使员工的薪酬水平保持不变。不要以为这样做与降低薪酬没什么不同。其实，实行冻结薪酬的措施一般不会引起员工的反感，相反，员工会这样想：一定是我的工作表现不佳，业绩不突出，所以才没增加奖金，我应该努力工作，争取做出更好的成绩。这样一来，反而激励员工为企业作出更大的贡献，增加产量，从而降低了单位产品的人工成本。

暂时的薪酬冻结会使企业的实力增加，节省下来的一部分资金可用于提高产品的质量或开辟新的营销网络。其最根本的一点是稳定了员工的心情，保证了企业生产的连续性，从而为企业战胜竞争对手提供了机会和支持。

（2）延缓提薪。

对于应该提薪的员工，暂时推迟1~2个月，等到企业摆脱了困境，经济效益好转之时再予以提薪。在这时不妨向全体员工说明企业所面临的现状，争取造成同舟共济的气氛，团结一心，共渡难关。

（3）延长工作时间。

如果在调整薪酬方面确实存在困难的话，那么不妨走另外一条途径——适当延长工作时间，增加工作量，提高工作效率。这样做，不仅有利于控制企业的人工成本，而且可以使员工增加紧迫感，如果不努力工作将有可能失去工作的机会。

王先生是一家手表生产企业的总经理。在控制人工成本方面，他的做法很值得学习。当他发现由于薪酬等级过少，使得不少员工的薪酬水平已经升到该级的顶薪点，而且企业的人工成本已占总成本的近2/3时，他果断地采取了延长工作时间的措施，超时工作可以得到加班费。员工为了增加收入，大部分同意延长工作时间，由于生产时间延长了，产量大幅度增加，企业的利润也明显提高。

（4）控制其他费用支出。

除了冻结薪酬、延缓提薪和延长工作时间3个措施之外，还可以适当地压缩企业在一些福利、津贴方面的开支，从而达到控制成本的目的。

具体措施主要有：要求员工少请假、缩短假期；缩小医疗保险范围或者要求员工们自己担负一部分医药费用；调整差旅费支出，禁止乘坐一等舱位；严格控制打长途电话的次数；限制各种公费娱乐活动。

适当压缩部分福利项目的开支，可以避免强行降薪带来的不利影响，毕竟与基本薪酬相比，人们对福利的享受或要求弹性稍大一些。抑制企业的人工成本是薪酬管理的重要环节，当成功控制了成本的上升趋势、使企业在竞争中占据优势的时候，主管的管理水平将会跃上新的台阶！

✓ 公司人事薪酬管理制度范例

1. 基本原则

制定相应的薪酬制度，其根本目的就是正确处理好企业与员工之间的物质利益关系，把物质利益作为调动员工积极性、创造性的重要手段。公司薪酬制度建立在岗位责任制、经营责任制、对员工工作能力及业绩进行考评的基础上，结合考评给予必要的薪酬，依靠员工对个人物质利益的关心，推动员工自觉遵守劳动纪律、提高企业技术水平，提高劳动生产率。

谋求稳定、合作的劳资关系原则。对扎根于公司的优秀骨干人才在薪资合理分配的基础上予以特殊考虑，以建立稳定、长期合作的劳资关系。

员工薪资参考社会物价水平、公司支付能力以及员工担任工作的责任轻重、难易程度及工龄、资历等因素综合核定。

2. 薪酬体制

（1）薪资标准。

公司实行岗位工资制，贯彻"因事设岗，因岗定薪"的原则。每个岗位的薪资标准，依照岗位的重要程度、责任大小、难度高低等因素，由各部门中层管理人员拟订草案，交人力资源部综合整理后，报公司总经理确定。

（2）年薪制。

享受年薪制的员工由公司总经理确定（一般1年确定1次）。

①年薪制对象：公司聘任的中层以上管理人员，相关的高级技术、业务人员和特殊岗位人员。

②年薪标准：由公司总经理根据工作业绩、能力责任等因素确定，享受年薪制的员工薪资由公司将薪资的 45% 作为风险基金后，按月平均发放，年终根据工作完成情况核算风险基金的发放额发放给员工。

（3）月薪制。

享受月薪制的员工由所在部门领导确定并报人力资源部审核，公司总经理审批。

①月薪制对象：试用期员工、驾驶员、保安（门卫）、文员、非正式员工等。

②年薪标准：由部门中层管理人员确定，人力资源部审核，公司总经理审批。

岗位工资、效益工资、工龄工资、奖惩浮动工资为按月计工资，试用工资为按日计工资。

3. 薪资结构

（1）岗位工资。

贯彻"因事设岗，因岗定薪"原则，依照该岗位的性质、责任大小、难度高低、专业性、劳动强度等因素确定。

（2）工龄工资。

①一般员工：岗位工资 ×2.5%×n（n 为工龄）。

②老员工（入公司时间 3 年以上）：岗位工资 ×3.5%×n（n

为工龄）。

③工龄工资不得超过岗位工资的 1/4，超过者按比例最高值发放工龄工资。

（3）奖惩浮动工资。

指生产部门根据内部考核标准对员工实施奖惩的一种额定工资。

4. 薪资的发放

（1）发放原则

根据公司目前薪资管理的具体情况，针对薪资管理的重要性、机密性和高度准确性，确保薪资发放的有效运作。

（2）薪资审批办法

①各部门员工当月的薪资，由人力资源部劳资文员逐一请各部门负责人核实并签字后，报相关主管负责人审批。

②享受年薪制的员工的薪资由总经理审批，非年薪制的员工的薪资由人力资源部主任审批。

（3）薪资计算时间

每月 1 日至月末。

（4）薪资发放时间

每月工资于次月 8 日发放，如遇元旦、劳动节、国庆节等则提前发放。

（5）薪资发放方式

除零星工资以现金支付外，其他所有员工工资均以工资卡形式发放。

（6）薪资调整

公司根据经营目标完成率及生产目标完成率考虑社会生活水平和变化、员工年度考核、贡献程度等多项要素后，由总经理决定调整系数。调薪以上年 9 月至当年 2 月和当年 3 月至 8 月份为考核期。

（7）紧急调薪

公司遇重大经营、财务等方面的问题，经部门经理办公会议讨论通过，总经理批准可紧急调薪，但调薪幅度不得超过 30%。

（8）零星调薪

①员工薪资调整严格以考核管理办法作为考核依据，每季度考核一次，并于季度的末月对员工的薪资进行一次调整，特殊薪资调整由总经理审批。

②员工的薪资调整只能在岗位工资 × 1.5 系数之间调整。

③员工职务、职称及岗位变动，从文件生效之日起按新的工资标准发放薪酬。

5. 工资查询

财务部在发放工资之时应按人力资源部的要求附上说明工资组成及扣款项目的明细。若员工发现当月工资有误，可以至人力资源部查询。

为什么是现在而非以往……

第十一章

薪酬的支付设计

✓ 为什么要使薪酬透明化

1. 保密的薪酬制度模糊了收入与绩效的联系

根据激励理论中的期望理论，当员工认为努力会带来良好的绩效评价从而带来更多的收入或其他奖励时，就会受到较大的激励，进而付出更大的努力。因此，为使薪酬发挥激励员工的作用，员工应该了解组织是如何评估绩效的，了解与不同绩效水平相联系的报酬水平。而一个保密的薪酬制度，割断了收入信息与绩效信息的直接联系，容易导致员工产生错觉，这些错觉会妨碍激励员工作用的发挥。

美国一些学者的研究显示，员工有一种高估较低职位的薪酬，而低估较高职位薪酬的倾向，这种错误的猜测会导致上下级薪酬差距较实际上的差距更小。这种被压缩了的上下级的薪酬差距，会降低员工对升职的兴趣。因为升职后，责任较为繁重，但增加的薪水并不多，导致员工的积极性降低，无法鼓励员工积极争取晋升的机会，或是主动接受训练，吸取更多宝贵经验及担任更重的任务。同时，对上级也没有太大的激励性，由于高估下级员工的薪酬，他们会认为：我的责任大，事情多，也没有比那些职位低的员工多拿很多。这样，他们的积极性反而降低了。总之，薪酬的保密性会削弱收入和绩效的相关性所带来的激励效果。

2. 薪酬透明化为每个员工提供了明确的职业发展道路

一个有效的薪酬制度不仅要反映每个员工的绩效和岗位的价值，而且应该让每个员工明确自己在企业内部的发展方向。通过薪酬的上升通道，反映员工的职业上升通道，使企业内的每个员工都能有职业发展的近期目标和远期目标，激励员工为达到目标而不断付出努力。同时，要求企业内部不同系列的职业发展道路对每个员工都是公开和透明的，保证大家对自己职业生涯发展的选择权利。员工正是在不同系列的薪酬上升通道的比较和选择过程中，根据自身的情况，确定自己的职业发展目标。所以，一个公开透明的薪酬体系能够保证企业和员工稳定、可持续地发展。

3. 薪酬透明化有助于营造公平竞争的良好氛围

许多公司认为将薪酬保密，可以避免麻烦，避免员工感到不公平。例如，甲、乙两人职位相同，甲的薪酬较乙高，而且甲的增薪比较快。虽然公司给甲提薪是因为他的业绩优秀、表现突出，但是为了避免那种"不患寡而患不均"的争议以及日后彼此的尴尬，公司将彼此的薪酬保密。这样，大家都不知道他人的薪酬水平，自然不会有互相尴尬的局面出现。

然而从另一个角度考虑，这种做法极易产生一种相反的效果，即越是保密，越容易引起员工的怀疑。在一般情况下，由于信息不对称，员工的猜测往往是不正确的，他们常常高估他人的薪酬，而认为自己的薪酬偏低。在此例中，由于乙的增薪较慢，他会想：甲的薪水一定比我高，但是我也同样努力，八成是他在经理那里说过我的坏话。相反，甲的薪水虽然增加较快，但他不清楚乙的薪水比他低，他会认为：乙会不会比我的薪水涨得更多。在这种情况下，只会加深员工对薪酬的不满。将薪酬资料保密不但没有好处，反而有害。

同时，将薪酬保密也成了用来掩饰一些不公平现象的薪酬制度，容许了一些不良习惯的蔓延而不被发觉，不被员工指出。相反，如果将正确的薪酬信息传达给员工，并向员工解释清楚，可以减少员工作出错误的判断，并且对公司的薪酬制度有正确的认识，从而直接端正员工的工作态度，并能为公司建立良好而公平的信誉。

4. 薪酬透明有利于员工对管理层的监督

在没有监督和约束的体制下，管理者可能在薪酬分配中滥用职权，用个人好恶来替代绩效标准，从而产生了更大的不公平。组织应该根据公开的薪酬制度来奖赏那些高绩效者而不是"暗箱"操作，所以透明的薪酬体系有利于组织成员对公司管理权的监控，可以有效地防止管理者不合理的控制和权力的滥用。

5. 薪酬透明化可以使薪酬制度不断地得以健全

任何一项制度都不可能是十全十美的，难免会存在一些缺陷和不足，它正是在实施的过程中不断地完善的。如果将薪酬制度保密，那么其不合理之处就永远也得不到发现和纠正。让一个制度的错误暴露在大庭广众之下，自然会让管理者感到难堪。但是理性的管理者会看到，公开的薪酬体系有利于员工的积极参与，帮助管理层及时地发现并纠正错误。员工会根据自己工作岗位、职责与薪酬关系的切身体会提出更加合理化的建议，不断地健全薪酬制度。

6. 薪酬透明化有利于组织内部的顺畅沟通

我们知道，在实行保密薪酬制度的组织中，从来没有能够杜绝员工私下讨论有关薪酬的问题，而这种私下的讨论和交流得到的往往是错误信息，或者是被别人欺骗，或者是自欺欺人。正是在这种员工之间的相互博弈过程中，错误的薪酬信息在组织内部传播，员工的信任感也会逐渐减弱。根据沟通理论，正是因为正式沟通的渠道不畅才会导致非正式沟通的产生和盛行。而非正式沟通的目的往往不是传达客观的信息，而是传播带有沟通者个人主观色彩的小道消息。薪酬制度的保密性为这种小道消息的产生和延续创造了有利的条件，如果不提供一个公开的、正式的沟通渠道，小道消息会一直持续下去。所以，组织应该公开薪酬这种敏感性问题，降低非渠道信息的传播，为大家开辟一个顺畅的沟通渠道，不断增强员工的信任感和满意度。

✓ 计时薪酬

计时薪酬是指报酬与工作时间直接相关的薪酬支付方式。计时薪酬可分为小时薪酬、周薪酬和月薪酬。一般而言，企业管理人员多以月薪酬支付，部分工人领取周薪酬，兼职人员则多以小时薪酬支付。

在进行工作评价之后，每种工作都对应相应的级别，而每个级别都对应一定的薪酬。在每个等级中又有不同的档次，员工从某一档次开始，逐级提升。这种体系对经历的关注大于对业绩的关注，员工一般每年依服务年限长短领取一次年度奖金。计时薪酬受工作评价的影响，注重工作本身的价值，而不是员工在此岗位上所表现的技能和能力的价值，或是业绩的质量或数量。

1. 计时薪酬的优点

计时薪酬对员工缺乏激励的效果，但是它可以保证员工有稳定的收入。计时薪酬便于检查，从同工同酬的角度出发具有一定的平等性，其优点主要包括：

（1）通过建立一种稳定的报酬体系而有利于留住人才。员工认识到随着服务年限的增加，在同一级别中的报酬也会逐年增加。结果是员工留任和劳动力资源的稳定使员工有机会提高其技能和效益，相应的流动率并不高。

（2）较易于管理，劳动力成本易于预测。

（3）不以牺牲质量为前提强调产出数量。

因此，企业中那些研究开发人员、设计人员，以及绩效较好的生产人员等适合计时薪酬。

但是，这种体系也有许多缺点。尽管从理论上讲，随着员工工作能力的提高，产出成本逐步降低，可员工缺乏动力提高其生产效率。如果某一级别的工人无论业绩好坏，薪酬都相同，那员工就没有理由努力提高自己的业绩。

2. 必须注意的方面

正确实行计时薪酬制，必须注意以下方面：

（1）制定科学合理的技术、业务标准和相应的薪酬标准。

计时薪酬是在评定技术、业务等级之后，按照相应的薪酬标准计发的。因此，技术等级、业务等级标准及相应的薪酬标准的科学合理性是正确实施计时薪酬的重要前提。必须先根据员工的技术、业务水平高低、所负责任大小、所在岗位劳动的繁重程度等区分出不同的等级，按照基本薪酬制度的要求规定其相应的薪酬标准，并根据居民消费价格指数和劳动生产率指数等因素定期调整。

（2）建立健全考勤制度。

对员工实际工作时间进行严格的监督与统计，确保按工作时间支付薪酬。

（3）建立严格的技术、业务考核制度和晋升制度。

随着员工本身技术业务水平的提高，其计时薪酬也应相应地增加。因此，实行计时薪酬，应定期或不定期地对员工进行考核，建立考核档案，坚持正常的晋升并兑现相应薪酬，使员工的技术业务水平、劳动贡献与薪酬三者紧密地联系起来。

（4）把计时薪酬与一定数量的定额任务紧密结合起来。

具体来说，对员工规定劳动定额或规定岗位责任和工作任务，凡完成任务者，按计时薪酬标准支付薪酬；未完成任务者，按一定的比例减发计时薪酬；对作出超额劳动贡献的，应以奖金形式给予奖励。

计件薪酬

计件薪酬，是按照员工生产的合格产品的数量或完成的作业量，根据预先规定的计件单价计算薪酬的一种薪酬形式。计件薪酬的计算公式是：

薪酬数额 = 合格产品数量 × 计件单价

与计时薪酬相比，计件薪酬的特点在于它计量劳动的方式。"在实行计时薪酬的情况下，劳动由直接持续时间来计量；在实行计件薪酬的情况下，则由在一定时间内劳动所凝结的产品数量来计量。因此，计件薪酬是计时薪酬的转化形式。"

1. 计件薪酬的构成要素

（1）工作物等级。

工作物等级又称为工作等级，它是根据某项工作的技术复杂程度以及劳动繁重程度而划分的等级。它是区分各种工作以及从事该项工作的工人的技术等级的主要标志，也是确定劳动定额水平、计件单价，以及合理安排劳动者的科学依据之一。

（2）劳动定额。

劳动定额一般采用产量和工时两种指标，它规定着单位时间内完成合格产品的数量的标准尺度。它是计件工资的关键。

它的高低决定了工人超额计件工资或奖金数量的多少，从而又影响到计件工资的激励效果和劳动者的积极性，也关系到企业内部的分配是否合理。这就要求我们合理确定定额水平，并按照有关制度定期检查和修订，使其始终保持在平均先进的基础上——即多数人经过努力可以完成，少数人可以超额完成的水平。

（3）计件单价。

计件单价是完成某种产品或作业的单位产量的工资支付标准。它是支付计件工资的主要依据之一。一般来说，计件单价是根据与工作等级相应的等级工资标准和劳动定额计算出来的。所以，计件单价是否合理主要取决于工作等级和劳动定额确定得如何。计件单价的计算公式如下：

产量定额的个人计件：

计件单价＝该工作等级的单位时间的工资标准／单位时间的产量定额

时间定额的个人计件：

工时单价＝该工作等级的单位时间的工资标准／单位时间的工资定额

计件单价＝工时单价×单位产品的工时定额

产量定额的集体计件：

计件单价＝定员内集体人员单位时间的工资标准总额／集体人员单位时间的产量定额

时间定额的集体计件：

工时单价＝定员内集体人员单位时间的工资标准总额／集体人员单位时间的总工时定额

计件单价＝工时单价 × 单位产品的工时定额

缺乏明确工作等级的计件：

计件单价＝工资成本总额／历史最高产量

对合格产品应该根据质量等级的不同，规定不同的计件单价；对相同产量和质量，节约物料的，应计发节约奖。

2. 计件薪酬的基本形式

计件薪酬的基本形式可分为以下 7 个方面：

（1）全额无限计件薪酬制。

不论员工完成或超额完成劳动定额的多少，都按同一计件单价计付薪酬。超额不受限制，差额不保证标准薪酬，即所谓"上不封顶、下不保底"。在计件单价已经确立的情况下，员工应得的薪酬同完成产量的定额程度成正比，同单位产品实耗工时成反比，多劳多得，对促进员工发挥主观能动性，提高工作积极性有较强的作用。一般来说，生产断线产品（包括零部件），生产的连续性、协作性要求不是那么严格。能够制定个人产量定额或工时定额，劳动成果可以单独统计，并且可以由一个人有效地完成的工作以及市场上供不应求的产品，都适于采用这种形式。

（2）超额无限计件薪酬制。

即将员工完成的工作量划分为定额内和定额外两部分，分别计付薪酬。员工完成定额内的产品（或工作量），按本人的等

绩效考核与薪酬激励
精细化设计及整体解决方案 ✓

级薪酬标准和完成任务的比例计发薪酬；超过定额的部分则按规定的计件单价和产量计发给超额薪酬，没有限制。

（3）超额有限计件薪酬制。

对员工在单位时间内的计件薪酬予以一定的限制。主要方法有：

①对个人的实得计件薪酬规定最高限额，如不得超过本人标准薪酬的一定百分比或不得超过一定的绝对额。

②累退计件单价，即产量超过一定程度，计件单价按一定百分比分段累退，超额幅度越大，超额部分的计件单价越低。

③浮动计件单价，对实行计件薪酬制的员工集体（班组、车间等）预先规定计件薪酬总额，计件单价在此总额范围内随产量多少而浮动。实行超额有限计件薪酬制，员工薪酬的增幅低于产量的增幅，单位产量直接人工成本随产量的增加而降低，可以保证企业利润。

（4）累进计件薪酬制。

对员工所生产的合格产品，在产量定额内的部分，按正常的计件单价计发薪酬；超过定额的部分则按递增的计件单价计发薪酬。这种计件薪酬对员工的激励作用较大，但容易造成薪酬基金增加过多，经济效益有可能达不到预期的目标。因此，实行累进计件薪酬制，必须确定有科学依据的、先进合理的劳动定额，计件单价的递增比例必须事先要精确测算，以保证实现预期的经济效益目标。此外，只有在某种产品急需增加产量时，才适宜在关键的工种采用这种形式。

（5）包工薪酬制。

即用工单位将成批量的或成系统的生产任务发包给雇员集体（班组或工程队），预先约定工作量、完成期限、包工薪酬数额等双方的义务和权限。如期完工之后，获得合同规定的全部薪酬总额，然后在包工集体中再分配，也可在包工前预付部分包工收入或分阶段支付薪酬。

（6）提成计件薪酬制。

即员工的薪酬总额按照班组集体的营业额毛利或纯收入等的一定比例提取，然后再按照各个员工的技术水平和作业量进行分配。也可以直接按照个人的营业额或所创利润提取一定的比例作为本人的薪酬，这种形式比较适合一些劳动成果难以事先制定劳动定额和不易确定计件单价的工作。

（7）间接计件薪酬制。

间接计件薪酬制是相对于直接计件薪酬制而言的，对于那些无法实行直接计件薪酬的辅助员工，按照其服务的对象、实际完成的产品数量和间接计件单价支付薪酬。

3.计件薪酬的适用范围

（1）工作成果易于量化。

可以量化到个人，也可以量化到特定的某个员工集体。

（2）产量和质量依赖于劳动者。

产量、产速和质量如果依赖于机器设备或其他工作条件，则发挥不出计件工资高激励的特点，如自动化流水线作业等。

（3）生产过程持续、稳定。

如果没有稳定的工作成果流量，或者足够的工作任务，也无法较好地发挥出计件工资的激励作用。所以它适合于大批量生产或大型工程项目。

（4）管理完善、规范。

计件工资的实施需要合理的劳动定额、健全的质量检验系统和高水平的统计、监督人员。

4.计件薪酬的优缺点

（1）优点。

①按劳动成果计酬，激励性、公平感强。

②与计时工资相比，同级员工的报酬因为产出的不同，也可以有区别。

③有利于提高工作效率和质量。

④分配方式的透明度高，比较简单，从而容易被员工理解，易于管理。

（2）缺点。

①计酬过于量化，从而增加了产品质检的成本。

②不易于控制物化成本。

员工会有片面追求产量，而忽视机器保养、物料损耗高等因素的倾向。

③工资标准有降低的倾向。

雇主如果发现工人收入高于以往平均水平，就会随意提高计件基础或者降低计件单价，使"计件工资成为延长劳动时间和降低工资的手段"。

④不利于保护员工的健康。

员工为了追求高收入会过度紧张和劳累，在有毒、有害的工作条件下更是对健康不利。

⑤不利于技术创新和改造。

在设备等需要技术改造时，自然要提高劳动定额，这又会引起员工的不满和抵制。另外，从事创新工作的员工，其薪酬制度也不适合采取这种方式。因为他们的工作有一定的风险性，不能单纯以劳动成果的数量来计酬。

5. 必须抓好的几项工作

要有效实施计件薪酬制，人力资源经理还必须注意抓好以下 4 个工作：

（1）加强企业的科学管理。

必须建立健全各项管理制度，为实施计件薪酬提供必要的条件。即实行科学的编制定员制度，完善劳动定额制度、原材料消耗定额管理制度和收发保存制度，做好全面的原始记录和统计工作，执行严格的质量检验制度。在生产条件和技术、设备水平发生重大变化时，要及时修订各项定额标准，以保证定额水平的先进合理。

（2）制定实行计件薪酬的细则，做到有章可循。

内容包括：计件薪酬的定额标准和计件单价、计件薪酬的形式、实施范围和执行机构、计件薪酬的支付办法以及对弄虚作假、以次充好等错误行为的处罚办法等。将实施细则交与员工讨论，做到人人明白，心中有数。

（3）把握好质量关和成本关。

在制定计件办法时，一方面要把数量和质量结合起来考虑，定出切实可行的指标；另一方面要提出降低成本的要求，鼓励员工合理利用原材料，节约动力，降低成本，增加收益。特别要注意控制单位产品成本中的薪酬含量，经常进行检查分析，及时采取措施。

（4）提高相关工作人员的业务水平。

对劳资干部、财会干部、统计员、记录员、定额员等有关业务职能人员进行培训，提高其业务能力，使计件薪酬真正能做到行之有效。

✓ 业绩挂钩薪酬与利润挂钩薪酬

1. 业绩挂钩薪酬

业绩挂钩薪酬不只考虑工作结果或产出，还关注实际工作效果。员工个人的业绩是依照预先设定的目标，或是对比岗位描述中所列的各项任务，利用业绩评估手段进行测量，然后根据评估结果支付薪酬。

业绩挂钩薪酬的激励作用也很明显，但是要有效地实施业绩挂钩薪酬，须具备以下条件：

（1）个人之间的业绩有显著差异。

（2）薪酬范围应足够大，以便拉开员工薪酬的差距。

（3）评估人员能够熟练设定业绩标准，并熟练操作评估过程。

（4）企业文化支持业绩挂钩薪酬。

（5）报酬水平既有竞争性，又不失公平，企业在薪酬与业绩挂钩方面富有经验。

（6）经理及下属之间相互信任，经理人员应该做好充分准备，针对业绩指标进行积极的交流、说明，同时要有面对困难的决策问题。

当具备了上述条件后，就可以引入业绩挂钩薪酬了，它的优点主要有：

（1）将激励机制与实现目标和主管认可的业绩质量相联系，薪酬与可量化的业绩挂钩，更具公平性。

（2）当员工业绩可以量化，而相应的业绩报酬也足以激发其进一步的努力时，企业向业绩优秀者做报酬倾斜，此举会因目标集中而节省薪酬支出。

（3）业绩优秀者会支持业绩挂钩薪酬体系，因为他们意识到了薪酬与努力成正比。

（4）突出一种关注绩效的企业文化，使员工将个人努力投入到企业的活动中去。

但是，业绩挂钩薪酬也有一些缺点：

（1）可能影响到主管与下属之间的公开交流，下属很可能不愿意透露个人缺点信息，因为这类信息会使他们丧失优势。

（2）对自我中心的个人努力进行奖励，会影响到团队合作，而团队精神是必不可少的。

（3）业绩不良者受到处罚，对企业而言并非都是好事，因为企业的利益在于鼓励这部分员工改进自身业绩。

充分认清业绩挂钩薪酬的特色，有助于更好地应用它，发挥其优点，规避其缺点。

2. 利润挂钩薪酬

通过使薪酬与利润挂钩，企业可以使薪酬成本更加明晰，员工也会受到激励更加努力工作，经营好时分享收获，经营差时共担风险，当然也应设计相应预案或制度使员工利益在利润下降时受到保护。企业可以在现有薪酬基础上，利用利润挂钩薪酬作为奖金，或将员工薪酬一并纳入挂钩体系。

这种挂钩体系使员工与企业的利害关系更大，他们会关心企业的成本开支、管理效率及经营决策等一切与企业利润相关的方方面面。当然，利润挂钩薪酬并不是对所有企业都有效，对那些员工收入水平较低，利润变化很大、无法预测的公司企业都不太适合。这种支付方式的优点有：

（1）员工明确自身利益与企业成功的关系更为密切，从而增加责任，提高业绩水平。

（2）有利于消除企业与员工的隔阂。

（3）企业鼓励员工为了共同利益而进行合作。

（4）当经营环境恶化，企业利润中用于薪酬的部分会有所下降。

（5）员工意识到业绩与企业赢利水平之间的关系，因而对成本和自身表现更加关注。

✓ 薪酬支付技巧

1. 时机合适方能产生最佳效果

美国管理专家布兰查德教授和医学博士约翰合写了《一分钟经理》一书，该书出版后十分畅销，一年多的时间在世界各地的销售量就超过 100 万册，并被译成了 16 种文字。《一分钟经理》有 3 个部分：一分钟目标、一分钟表扬和一分钟批评。在"一分钟表扬"中有这样一段对话：

"当他发现你做了正确的事情的时候，就会走来找你，常常是把手放在你的肩上，或者是用一种友好的方式简短地同你见一面。"

"这样做不打扰你吗？"年轻人奇怪地问。

"不会的，正相反，这样会有好处。因为我知道他是在真正关心我，希望我获得成功。他这样做，虽然是简短的接触，却可使我又一次知道他是和我站在一起的。他是用眼睛在注视着你，并且清楚地告诉你什么事情做得对，因而也让你分享他因你的工作而具有的愉快心情。"

"这一定使你很快活吧？"

"当然，因为我做了正确的事马上就得到称赞，不必等到年终总结了。"

从上述对话中，我们不难看出，奖励中的时间运用的艺术是非常重要的。奖励也包括薪酬支付的奖励，薪酬支付同样要在合适的时机才能产生最佳的激励效果。

假设一家公司董事会在年终奖金分配上，作出了延期发放年终奖金的决议，原因是虽然经营状况明显改善，实现扭亏为盈，但由于利润总额不高，公司当前的主要目标是扩大投资，争夺市场份额。该公司的决定是否合理？

我们知道，奖金对员工来说是一种物质奖励。如果员工的工作成绩突出，为公司的发展作出了贡献，那么应该给予奖励，一来是对员工努力工作的承认，二来激励员工继续努力工作，实现更佳的工作表现。

但是，究竟该不该将奖励的时间推迟？绝不可以。奖励要及时，否则将会变得毫无意义。当员工努力工作，为企业带来经济效益时；当员工以企业为家，把全部精力都投入到工作中时；当大家团结一心，使企业的经营状况明显改善时，要及时地对他们加以奖励。否则，员工会认为：拼命地努力工作有什么用，公司赢利了，我个人也没得到什么好处。有了这种想法，他的工作积极性将大大降低，工作效率自然下滑。而当他已经松懈下来的时候，再对他加以奖励，其激励效果将大打折扣，违背了奖金发放的基本原则。

员工的积极性是需要调动的，而调动其积极性的手段之一就是对他们良好的工作绩效给予及时的奖励。把握住薪酬支付的恰当时机，是维持员工工作热情的关键。前面假设的该公司考虑到公司处于发展阶段，利润水平较低，发放年终奖金将影响公司的长远发展，推迟发放年终奖金，确实能为公司省下一笔资金，可以用来扩大投资规模，购买原材料，或引进某项技术，或购置某种新设备。但是，在企业内部，究竟是以物为主体还是以人为主体？一切设备、机器，都需要人来推动才能运转起来，也才能为企业带来赢利。相反，如果人的积极性调动不起来，又怎么能充分利用企业的其他资源呢？企业的长远发展要靠资金、技术，更要靠人才。如果一个企业的员工消极怠工、工作效率低下、浪费严重，又怎么能让人相信它将获得长足的发展呢？

当企业尚处于创业阶段时，更应该充分认识到企业上下一心、团结奋斗的强大力量。只要企业能保持员工的拼搏精神，又何愁没有美好的发展前景？因此，应把握适当的奖励时机，千万不要顾"小利"而失"大利"。

那么，人力资源经理如何把握薪酬奖励的支付时机呢？

（1）根据员工的年龄差异选择不同的支付时机。

心理学家研究证明，人的主观感觉会随着年龄的增长而变快。对于同一个时间单位，年轻员工会感觉很慢，而年长的员工会感觉很快，所以，对于支付薪酬来说，对年轻员工必须及时支付，无论是发放奖金，还是给予休假、升迁或者提名表扬都必须及时，而对年长的员工则可采取延时支付。

（2）根据员工的不同知识水平选择不同的支付时机。

员工的知识水平、心理素质、人生价值观不同，对于薪酬的认识和感受也不一样。对那些自制力较高、工作热情较高、工作积极主动性较高、知识水平较高、职务较高的员工可以采取延时支付，因为短暂而频率过高、强度不大的奖励对他们的激励作用不是太大。而对于那些心理素质较差、性格内向、工作主动性不高的员工，则应该采取及时支付的手段，因为这是他们积极工作的重要动力，采取及时支付可以迅速调动他们的积极性。

（3）根据员工不同的心理反应采取不同的支付时机。

人们在社会生活中的心理状态是时常变化的，有时高兴，有时会消沉；有时舒畅，有时郁闷；有时激动，有时平静；有时平稳，有时暴躁。不同的心理状态对奖励的需要和感知也是不同的，管理者应该仔细观察以驾驭这种状况。一般来说，当员工情绪低落时宜采取及时奖励的薪酬支付，帮助他们摆脱心理困惑，重新赢得自信；对情绪高涨者可采取延时奖励的薪酬支付，有利于保持他们稳定的积极性。美国克莱斯勒公司总裁艾柯卡就认为，奖赏一定要把握好时机。下属如果心情好，经理人员要肯定他的成绩，给予相应的薪酬回报，同时要鼓励他百尺竿头，更进一步；当下属心灰意懒时，要适当放宽奖励的条件，针对他的闪光点，把本来未到期的奖励提前发放到位，这样可以帮助员工振奋精神。

（4）根据员工需求的变化选择不同的支付时机。

在当今"以人为本"的时代，企业必须以人为中心，想员工之所想，急员工之所急。一般情况下，薪酬支付应按照制度的规定定期发放，而当员工遇到特殊困难时，企业应当"雪中送炭"，提前支付部分薪酬以解其燃眉之急。松下公司考虑到员工的家庭贷款和子女教育费用的问题，就灵活地实行了"全额薪酬支付型员工制度"，只要员工申请，就可以将退职金（退休时一次发放的奖金）加到薪酬中提前发放，这一举动很受职员的欢迎。

（5）根据任务的不同性质选择不同的支付时机。

不同性质的工作因为完成的周期、工作的难度、考核的时期不同，所以薪酬支付也要因"工"制宜。对于有计划、有规律的工作定额，可以按照任务完成的阶段，有规则地给予相应的薪酬回报；对于临时性的工作任务，则可按任务完成的时间长短灵活地制订薪酬支付的时机。对于一个难度较大的长期奋斗目标，可用目标分解的办法，将其分解为一系列的阶段目标，一旦达到阶段目标就立即给予奖励，全部完工时再进行大规模的表彰，也即通过把大目标与小步骤相结合提高员工对成功的期望；对于那些短期即可见效的简单工作，在任务结束时就应支付全部薪酬。

（6）根据不同的岗位选择不同的支付时机。

不同岗位的工作人员所担负的职责、所处工作环境的好坏不同，为了提高员工的满意度，针对不同的岗位要选择差异化的支付时机。对于环境比较恶劣的岗位（如一线生产部门）应该采用及时的、高频率的薪酬支付来不断地提高他们工作的激情；对于工作条件相对优越的岗位（如行政管理部门）则可相对放低频率，适当推迟支付时机。

2. 获得员工的信任

无论采取何种薪酬支付方式，要使薪酬方案顺利执行，最关键的是获得员工的信任。在有些企业里，员工会对管理者制订的薪酬支付计划产生怀疑。尤其是在一些中小型中外合资或者外商独资的工厂里，劳资双方的对立十分严重，工人对实行薪酬支付计划时降低工资率或提高奖励标准十分敏感。

心理学家罗依为了获得研究这一问题的第一手资料，曾经亲自到一家机械厂实习。当他来到工厂时，人事部门给他的职位是"钻床操作员"，工资是按件计酬。人事部的一位职员还告诉他，他将获得平均每小时1.25美元的工资，但另一位名叫史塔其的钻床操作员却告诉他，平均每小时1.25美元的工资是无法赚到的。罗依在他的研究报告中记录了两人的对话。

"你难道不知道，"史塔其愤愤地说，"我们最多也只能每小时赚 1.25 美元，而大部分时间是赚不到的。你以前干过按件计酬的工作没有？"

"没有。"

"我可以看得出来，你认为我如果真的每小时赚 1.25 美元（平均）会有什么后果？"

"你是说，你真的能做到？"

"我的意思是，我确实能做到。"

"他们须按照 1.25 美元的标准付给你，这不是事先说好的吗？"

"是的，他们会付给你，但只有一次！你难道不知道如果我今晚一小时赚到 1.5 美元，那些可恶的劳动定额方面的工业工程师明天就会跑到这里。然后他们会重新测量工作速度，快到让你晕头转向！等他们量过以后，就会把工资砍掉一半！然后，你就必须为每小时 0.85 美元工作，而不是 1.25 美元！"

从上述对话中，你能够看出员工对管理层的不信任是导致其积极性不高的原因，他们认为如果努力工作，提高了工作效率，劳资部门将会提高工作标准，从而使自己多付出了劳动却少拿了钱。这些现象在一些管理混乱的中小型企业中并不鲜见。人力资源经理必须意识到，员工的理解和信任是企业顺利实施薪酬支付的前提条件，也是整个薪酬管理的关键。员工渴望和公司紧密相连，希望和公司的关系不仅仅是薪酬支票和福利待遇，他们需要成为"圈子内"的人深入到公司内部，能对公司薪酬制度等各方面的情况有所了解。为了能真正赢得员工的信任和支持，使薪酬支付的诱导作用有效地发挥出来，管理者应做好以下几方面的工作：

第一，注意公平心理的疏导。根据亚当斯的公平理论，每位员工都是用主观判断来看待薪酬支付是否公平，他们不仅关注薪酬的绝对值，还关注奖励的相对值。尽管客观上奖励很公平，由于个人心理感受的主观性，仍会有人觉得不公平。因此，必须注意对员工公平心理的疏导，引导大家树立正确的公平观。

第二，注意期望心理的疏导。每年评奖阶段都是员工期望心理高涨的时刻，但希望评上一等奖的员工，一般总是远远多于实际评上一等奖的人数。一旦获奖名单公布，其中一些未评上的员工就会出现挫折感和失落感，解决这个问题的办法是及时地对员工进行期望心理的疏导。疏导的主要方法是将目标转移到"下一次""下一个年度"，树立新的目标，淡化过去，着眼未来，特别要及时消除"末班车"心理，以预防抢名次、争荣誉、闹奖金的行为发生。

第三，吸引员工参与支付方案的制订。以市场薪酬调查为基础，让员工参与到薪酬制度的设计过程中来，管理者可以让员工充分获取有关薪酬的信息，共同讨论方案的利弊，积极采纳员工提出的合理建议和意见。员工的亲自参与有利于加强他们对薪酬决定体系的信任感、认同感，使他们对内在薪酬的需要得到满足。这种充分体现员工意见的薪酬支付方案将会很容易推广和付诸实践。

第四，与员工坦诚地交流。方案实施之前，要向员工解释清楚，企业实施这一方案的原因，以及方案的具体内容，避免员工因理解偏差而产生不满情绪。制订完薪酬方案之后，先不要急于推翻现有的薪酬支付形式。你要做的第一件事是召开全体员工大会，由方案的设计者负责解释薪酬方案的具体细节，允许员工对此发表意见和看法，争取在员工与企业管理者之间充分沟通，形成良好的讨论氛围。然后将支付方案印发给各个部门，若有可能的话，力图做到人手一份。这样，在民主的氛围里形成的支付方案将获得绝大多数员工的认可和支持。

当企业的员工对将要推行的薪酬支付方案已经非常清楚之后，最后的工作就是实施薪酬支付方案。在实施过程中，仍要注意做好信息的反馈工作，注意新出现的变化情况，必要的时候进行适当调整。员工的信任是企业顺利实施薪酬支付的关键，也是整个薪酬管理的关键。当企业争取到员工的信任之后，企业的经营管理活动将会顺利展开，工作效率也将大大提高。

3. 把情感融入支付当中去

根据马斯洛的需求层次理论，人们不仅有生理的需要，而且有安全需要、社交需要、尊重需要以及自我实现的需要，因此，物质激励并不是永无限度的。"工作生活质量"运动使得疲倦的现代人不仅仅追求高薪酬等货币性薪酬，而且更注重工作和家庭的和谐，渴求生命里更本质、更淳朴、更富感情的东西。在以人为本的今天，那种员工与企业之间仅仅是冷冰冰的薪酬与支票对立关系的时代已经结束，而温馨的、大家庭式的企业文化越来越受到员工的欢迎。在支付薪酬的时候融入浓浓的情谊，用心灵、感情、文化来回报员工的智慧与付出，让员工不时地感受到家庭般的温暖，是人力资源管理者将薪酬支付艺术化的动力之一。

日本麦当劳汉堡店每年在大饭店举行联欢会的时候，都会邀请员工的"另一半"参加。席间，除表彰优秀的员工外，总裁藤田还郑重其事地对太太们说："各位太太，你们的先生为公司作出了很大的贡献，我已经做了各方面的奖励。但有一件事，我还要请各位太太帮忙，那就是照顾好你们先生的健康。"短短的几句肺腑之言，表达了总裁对员工的关心之情，让他们切身体会到家的温暖。此外，为表示对太太支持丈夫的感激之情，日本麦当劳汉堡店还专门给太太们发放奖金。总裁在把奖金存入员工太太账户的同时，附上一封做工精致的道谢函："由于各位太太的协助，公司才会有这么好的员工，才会有这么好的业绩。虽然直接参与工作的是先生们，可是，正是因为你们的无私支持，先生们才会心情愉快地投入工作。"本以为是"分内的事"，却得到了总裁的亲自嘉奖，各位太太无不心存感激。

无独有偶，西安杨森的艺术化薪酬支付，也充满了浓厚的人情气息。逢年过节，总裁即使出差在外或者休假，也不会忘记邮寄贺卡，捎给员工一份祝福；员工生日的时候，都会得到公司领导的问候，收到充满领导个人和公司对员工关爱的生日卡；员工生病休息，部门负责人甚至总裁都会前去看望或写信问候；员工结婚或生小孩，公司也都会把这视为家庭的喜事而给予热烈的祝贺。

人毕竟不同于机器，人是有感情和各种需求的。现代的人本管理理念要求管理者用心去了解员工的感受，满足员工的需要，在支付薪酬的同时，无形中支付"关爱之情""感谢之情""祝福之情"。只有这样，才会使员工对企业产生相知相扶的感觉，才会对总裁产生"士为知己者死"的感激之情。到了企业需要员工出力的时候，他们定会十分乐意地对此"情感"做出真诚的回报，不遗余力地贡献自己的聪明才智。